■ Banu Beyer ■ Dana Maria Burlan ■ Anika Reisenhofer ■ Soraya Brecht ■ Jutta Fischer ■ Gabriele Schneider ■ Stefan Mai ■ Constanze Munzig ■ Fabiola Nonn ■ Stephan Licariao Rocha ■ Hans-Jürgen Knorr ■ Barbara Köhler ■ Alicia Sérieux ■ Lutz Brien ■ Natali Jentsch ■ Banu Beyer ■ Dagmar Schultz-Javurek ■ Yamel Lima Baquero ■ Sarry Menzel ■ Dalia Staus ■ Monika Miller ■ Rosemarie Müller ■ Karin Zomer ■ Sigbert Kunze ■ Aleya Yaron ■ Eva Paur ■ Stefanie Schweizer ■ Vladimir Egorov ■ Elke Janßen ■ Alissa de Vries ■ Swen Ahlers ■ Nina Berbner ■ Marion Lichti ■ Banu Beyer ■ Birgit Jennerjahn-Hakenes ■ Andreas Glanz ■ Julia Bohr ■ Heaven Tuquabo und Christiane Klante ■ Cornelia Immesberger ■ Laura Campioni ■ Jacqueline Lamm ■ Lutz Brien ■ Julia Stübe ■ Maximiliane Feuerriegel ■ Susanne Berger ■ Coline Weber ■ Joan Weng ■ Erika Sonnenburg ■ Cansin Gölcük ■ Mehrnousch Zaeri-Esfahani ■ Agnes Jaun ■ Hipe Tarvel-Hartwig ■ Norbert Willimsky ■ Carmen Carmona ■ Thomas Gruber ■ Ibrahim Demir ■ Ulrich Stolte ■ Larissa Deike-Wierus ■ Laurie Rosenthal ■ Frank Wallner ■ Judith Kalex ■ Vanessa Steurer ■ Gudrun Moritz ■ Nadine Schiek ■ Jevgenija Hetzel ■ Nikolaj Kohler ■ Daniela Kress ■ Katja Heimberg ■ Britta Knuth ■ Ilka Frank ■ Gabriele Horcher

Fotografie: Marion Jenger

Zu den Herausgebern:

Die *Volkshochschule Karlsruhe e. V.*, gegründet 1919, ist heute die größte Bildungsinstitution in Karlsruhe. 35 Mitarbeiterinnen und Mitarbeiter und ca. 700 freiberufliche Dozentinnen und Dozenten sorgen für mehr als 4.000 Veranstaltungen im Jahr. Das Spektrum reicht von Beruflicher Bildung über Sprachen, Gesellschaft und Wissen, Themen des täglichen Lebens, Gesundheit bis hin zu Kunst und Kultur. Die Themen *Literatur und Kreatives Schreiben* sind in der Sparte Kunst und Kultur angesiedelt. Dort entstand die Idee zum Schreibwettbewerb Angekommen?!, der vom 1. September bis 27. Oktober 2012 durchgeführt wurde.
Zu den Kundinnen und Kunden der vhs Karlsruhe zählen Menschen jeden Alters und aus derzeit 94 Nationen.

*Karina Odenthal* ist Autorin, Lektorin, Dramaturgin und arbeitet seit etlichen Jahren auch als Dozentin für Kreatives Schreiben u. a. an der vhs Karlsruhe.

# Angekommen?!

Beiträge zum Schreibwettbewerb
der Volkshochschule Karlsruhe
im Rahmen der
29. Baden-Württembergischen Literaturtage 2012

vhs Karlsruhe, Karina Odenthal (Hrsg.)

# Inhaltsverzeichnis

*Erol Alexander Weiß* · Geleitwort — 11

*Prof. Dr. Hansgeorg Schmidt-Bergmann* · Vorwort — 13

*Dr. Susanne Asche* · Vorwort — 15

*Banu Beyer* · Fremde Koffer — 19

*Dana Maria Burlan* · 1. Oktober zweitausend... — 20

*Soraya Brecht* · Vereint — 21

*Jutta Fischer* · Gedanken zum Ankommen — 23

*Stefan Mai* · World Wide Web — 24

*Gabriele Schneider* · Deutschlandreise — 25

*Constanze Munzig* · Karlsruhe auf Zeit – hin und weg... — 26

*Anika Reisenhofer* · Stets auf Reise — 27

*Fabiola Nonn* · Gestrandet — 28

*Stephan Licariao Rocha* · Brief an einen alten Freund — 29

*Hans-Jürgen Knorr* · Mein Zufluchtsort — 30

*Barbara Köhler* · neuland — 31

*Alicia Sérieux* · Sprachlos — 32

*Lutz Brien* · Weggesang — 33

*Natali Jentsch* · Der Weg zu sich selbst — 34

*Banu Beyer* · Arrival — 35

*Dagmar Schultz-Javurek* · Seelen reisen — 36

*Yamel Lima Baquero* · Angekommen — 37

*Sarry Menzel* · Was willst Du? — 38

*Rosemarie Müller* · Worte wie Balsam — 39

*Monika Miller* · ankommen — 40

*Dalia Staus* · Die Antwort — 41

| | |
|---|---|
| *Karin Zomer* · Ma ka's nawürge | 43 |
| *Sigbert Kunze* · Ankommen | 45 |
| *Aleya Yaron* · Marrakesch, mon Amour | 46 |
| *Stefanie Schweizer* · Läufer | 49 |
| *Vladimir Egorov* · Die Seele Deutschlands | 50 |
| *Elke Janßen* · Die Worte des Anderen zu versteh'n ... | 52 |
| *Alissa de Vries* · Helm auf! | 53 |
| *Swen Ahlers* · Fächerstadt | 55 |
| *Nina Berbner* · Ankunft im Hafen | 56 |
| *Marion Lichti* · Schwabian in Karlsruh' | 57 |
| *Laura Campioni* · Die Philosophie der Mäuse | 58 |
| *Andreas Glanz* · Auf ewig | 60 |
| *Julia Bohr* · Wunderland | 61 |
| *Birgit Jennerjahn-Hakenes* · Grenzen-Los | 63 |
| *Eva Paur* · Vastehsch des? | 64 |
| *Jacqueline Lamm* · Angekommen | 65 |
| *Heaven Tuquabo und Christiane Klante* Karlsruhe ... (k)eine fremde Stadt | 67 |
| *Banu Beyer* · Der Kreis | 69 |
| *Cansin Gölcük* · Unendliche Reise | 70 |
| *Lutz Brien* · Holprige Fahrt | 73 |
| *Susanne Berger* · Abbelbutze | 74 |
| *Erika Sonnenburg* · Heimweh | 75 |
| *Coline Weber* · Sprache der Musik | 76 |
| *Julia Stübe* · Immer rastlos | 77 |
| *Agnes Jaun* · Ein Ankunftstraum | 78 |

| | |
|---|---|
| *Hipe Tarvel-Hartwig* · anGEkommen | 79 |
| *Maximiliane Feuerriegel* · Stadt der Pharaonen | 81 |
| *Norbert Willimsky* · an kommen | 82 |
| *Thomas Gruber* · Wie versteinert | 83 |
| *Joan Weng* · Abfahrt. Ankunft | 85 |
| *Ibrahim Demir* · Pegasus | 86 |
| *Cornelia Immesberger*<br>Ankommen – ohne nach dem Weg zu fragen | 88 |
| *Carmen Carmona* · Die Luftblase verlassen | 89 |
| *Mehrnousch Zaeri-Esfahani* · Und der Kreis schließt sich | 90 |
| *Ulrich Stolte* · Spurensuche | 91 |
| *Frank Wallner* · Unruhe | 92 |
| *Judith Kalex* · Rote Verführung | 93 |
| *Laurie Rosenthal* · ANGEKOMMEN?! Have you arrived?! | 94 |
| *Vanessa Steurer* · Kindheit: Geschafft! | 95 |
| *Gudrun Moritz* · Not im Unterricht | 96 |
| *Larissa Deike-Wierus* · derneunundzwanzigstejulizweitausendzwölf | 97 |
| *Nadine Schiek* · Meine Sanduhr | 99 |
| *Jevgenija Hetzel* · Öfter mal ein Rock | 101 |
| *Nikolaj Kohler* · leben | 103 |
| *Daniela Kress* · Vom Suchen und Finden | 104 |
| *Katja Heimberg* · Aus – gezogen | 105 |
| *Britta Knuth* · EIN FLÜGELSCHLAG | 107 |
| *Ilka Frank* · Ella … gebunden | 108 |
| *Gabriele Horcher* · Wurzeln | 111 |
| Impressum | 114 |

# Bilderverzeichnis

Fotografie: *Joachim Marquardt* — 22
Fotografie: *Karin Blumhofer* — 48
Fotografie: *Lila Alexarakis* — 54
Fotografie: *Birgit Jennerjahn-Hakenes* — 62
Fotografie: *Christiane Klante* — 66
Fotografie: *Johanna Gemenetzi* — 72
Fotografie: *Klaus Gremmels* — 80
Fotografie: *Joan Weng* — 84
Fotografie: *Roland Wucherer* — 98
Fotografie: *Britta Knuth* — 106
Fotografie: *Klaus Biber* — 110

# Geleitwort

ANGEKOMMEN?! – war das Motto des Schreibwettbewerbs der vhs Karlsruhe anlässlich der 29. Baden-Württembergischen Literaturtage 2012.

Angekommen sind nahezu hundert Einsendungen: Kurzprosa, Gedichte und SMS-Texte. Die Auswahl fiel den Herausgebern schwer, denn alle Beiträge waren auf die eine oder andere Art etwas Besonderes. In die Anthologie schafften es dann immerhin über siebzig Texte.

Etwas Besonderes war auch der Aufruf, den die Volkshochschule Karlsruhe in ihren Deutschkursen startete. Wir baten die zugewanderten Mitbürgerinnen und Mitbürger, uns von ihren Erfahrungen über das eigene ANKOMMEN zu schreiben. Wir wollten wissen, ob das ANKOMMEN im fremden Land in ein ANGEKOMMEN-Sein in einer neuen Heimat mündete oder nicht.

Auch zahlreiche Deutschlernende sind unserer Aufforderung gefolgt. Fast die Hälfte der Texte kamen von Menschen mit so genanntem Migrationshintergrund. Hierüber freuten wir uns ganz besonders.

Und ganz besonders war auch die Bitte, die die vhs Karlsruhe an einen ihrer Fotoworkshops richtete. Wir baten die Seminarteilnehmerinnen und Seminarteilnehmer, sich von den literarischen Beiträgen zu passenden fotografischen Arbeiten inspirieren zu lassen. Einige dieser beeindruckenden Fotografien finden Sie auf den nachfolgenden Seiten.

ANGEKOMMEN in Karlsruhe sind aber nicht nur Menschen aus anderen Ländern. Zuwanderer kommen aus allen Regionen Deutschlands in die Fächerstadt. Dies spiegelt sich ebenfalls in den Beiträgen der Anthologie.

Viele Einsendungen erreichten uns übrigens von Zugezogenen aus dem Schwabenland. Das fanden wir bemerkenswert. Karlsruhe als beliebte Einwanderermetropole für Schwäbinnen und Schwaben. Das soll uns recht sein, legen wir doch größten Wert auf Integration.

Schreibwettbewerb und Anthologie sind Teil des vom Kultusministerium Baden-Württemberg geförderten Projektes „Karlsruhe – 300 Jahre Migrationsgeschichte. Migrantinnen und Migranten gestalten ihre Stadt". Hier sind Menschen mit Migrationshintergrund aufgefordert, sich mit der Geschichte und dem Alltag in der Stadt Karlsruhe zu befassen und selbst aktiv zu werden. Zugewanderte bringen dabei ihre eigene Lebenswelt ein, wie dies seit fast 300 Jahren Zuwanderer in Karlsruhe erfolgreich und integrativ tun.

Die vorliegende Anthologie ist eine Gemeinschaftsarbeit, die nur gelingen konnte, weil sich alle Akteure hervorragend ergänzten und gegenseitig unterstützten.

Mein Dank gilt zu allererst den Autorinnen und Autoren, die ihre sehr persönliche Lebens- und Gedankenwelt zu Papier brachten und einreichten. Ich danke ganz herzlich der Mitherausgeberin, Karina Odenthal, für ihr großartiges Engagement und den Kolleginnen im Hause, die zusätzlich zu ihrer eigentlichen Arbeit viele Stunden in die Organisation des Schreibwettbewerbs und die Erstellung der Anthologie investierten. Es freut uns ganz besonders, dass die Anthologie in „Lindemanns Bibliothek" im Info Verlag Karlsruhe erscheinen kann.

Herzlich bedanke ich mich nicht zuletzt beim Kulturamt der Stadt Karlsruhe, insbesondere bei Direktorin Dr. Susanne Asche sowie bei der Literarischen Gesellschaft, in der Person von Prof. Dr. Hansgeorg Schmidt-Bergmann für die ideelle wie finanzielle Unterstützung des Schreibwettbewerbs und der daraus entstandenen und jetzt vorliegenden Anthologie.

*Erol Alexander Weiß*
Direktor Volkshochschule Karlsruhe e. V.

# Vorwort

ANGEKOMMEN

Wert, Wort, Wandel: Im Rahmen der 29. Baden-Württembergischen Literaturtage, die auf Initiative der Literarischen Gesellschaft und des Museums für Literatur am Oberrhein im September 2012 in Karlsruhe stattfinden konnten, hat die Volkshochschule Karlsruhe eine Schreibwerkstatt und eine FotoAcademy unter dem Titel ANGEKOMMEN angeboten und durchgeführt: „Welchen hohen Wert Worte besitzen, erfahren jene, die die Sprache ihrer Umgebung nicht verstehen, weil sie aus einer anderen Kultur stammen." Damit wurde ein Nerv getroffen, zahlreiche Einreichungen konnten entgegengenommen werden und die Auswahl fiel schwer. Kurzprosa, Gedichte, Poetry Slam und SMS – „schreib mal schnell" – erreichten die Initiatoren – und diese mit einem erstaunlichen Niveau.

Schreibend werden wir uns bewusst über unsere Identität, schreibend reflektieren wir unseren Standort in der Gesellschaft – und dies auch, oder gerade, im digitalen Zeitalter. Auch dieses beruht auf Zeichen und Schrift – die Medien ändern sich, von den antiken Tontafeln zum iPad im 21. Jahrhundert, doch die Schrift als Medium der Selbstverständigung bleibt, notwendigerweise, und ist nicht zu ersetzen. Das zeigen gerade „Schreibwerkstätten", in denen mit Worten experimentiert wird.

Viele entdecken erstmals das Schreiben als Mittel einer Entdeckungsreise in das eigene Ich. „ANGEKOMMEN", die eingereichten Texte zeigen, dass Heimat möglich ist, gerade auch für die sogenannten „Migranten", diejenigen Mitbürger, die von weit her kommen, um hier zu leben.

Sind wir uns der Verantwortung bewusst, wir, die aus sicherer Perspektive reden und handeln, wir, die nicht wissen, was wirkliche Not ist, wir, die das Allgemeinwohl im Blick haben sollten, aber nicht selten egoistischen Motiven folgen? Sollten wir nicht lernen von den Erfahrungen derjenigen, die nur ein wenig mehr wollen als das „tägliche Brot"? Nur einmal leben, ohne Not zu leiden, endlich eine Gemeinschaft erfahren, die einen nicht an den Rand drängt – und was ist Glück? Haben wir nicht alle ein Recht darauf?

Fragen wir uns zuerst, was wir leisten können, jeder an seiner Stelle. Viel zu selten hinterfragen wir unser Privileg, in einem Staat zu leben, der die „Menschenwürde" zum Fundament der Verfassung gemacht hat. Diejenigen, die hier eine Heimat suchen und auch gefunden haben, formulieren diese Zugehörigkeit offensiv. So heißt es in einer Einsendung: „Oft hatte ich das Gefühl, in Deutschland im Kreis gelaufen zu sein, aber jetzt bin ich endlich zu Hause angekommen."

Das Berührende und auch Beschämende für uns, dies zeigen die Einsendungen, ist die Erwartung derjenigen, die unter Gefahr an „Leib und Leben" zu uns finden. So schreibt eine Zehnjährige aus Eritrea: „Meine Eltern und ich haben hier in Karlsruhe unsere zweite Heimat gefunden, hier fühle ich mich zu Hause und von den Menschen freundlich aufgenommen,..."

Die Texte, eine DIN A4-Seite in der Regel, zeigen deutlich, ein Miteinander ist möglich und es wird ersehnt. Das was wir alle begehren, ist Heimat und diese ist vielgestaltig, aber möglich und notwendig. Was wir zurückgewinnen müssen, so heißt es in einem Beitrag, „ist der Sinn für das Unnützliche, dessen, was die Seele anspricht, um das Schöne, die Kunst, das Farbige und Ungewöhnliche zu entdecken." Dem ist nichts hinzuzufügen.

Dank an die Initiatoren und Glückwunsch allen Beteiligten – Angekommen, schön, wenn man das für sich behaupten kann.

*Professor Dr. Hansgeorg Schmidt-Bergmann*
Literarische Gesellschaft Karlsruhe

# Vorwort

„Angekommen" – was für ein schöner und vor allem treffender Titel für einen Karlsruher Schreibwettbewerb.

Die junge Stadt Karlsruhe war von Anbeginn an eine Stadt des Ankommens, denn die ersten Bürgerinnen und Bürger der Stadt waren ausnahmslos Gewanderte, also Fremde. Als Markgraf Karl Wilhelm von Baden-Durlach im Jahr 1715 mitten im Wald seine neue Residenzstadt gründete, versprach er allen Ansiedlungswilligen – gleich welcher Religion – weit reichende Privilegien. Lutheraner, Reformierte, Katholiken und Juden durften sich nun hier niederlassen und lebten fortan friedlich nebeneinander.

Der Gründungsaufruf zog viele Menschen aus Durlach und der übrigen Markgrafschaft an. Viele kamen aus benachbarten Ländern, vor allem aus Württemberg, aber auch aus dem Elsass, der Schweiz und Italien. Aus dieser konfessionellen und kulturellen Vielfalt entstand rasch ein funktionierendes Gemeinwesen.

Auch in den folgenden Jahrhunderten blieb Karlsruhe eine Stadt der Zuwanderung, so dass heute nur noch 20 % aller in unserer Stadt lebenden Menschen geborene Karlsruher sind. Mit anderen Worten: Karlsruhe ist eine Stadt der Ankommenden und der Angekommenen.

Wie das Ankommen in der Fremde zu einem Angekommen im Vertrauten wird erzählen die kleinen, oft anrührenden Texte, die im Rahmen des vhs-Schreibwettbewerbs entstanden. Sie stammen von hier schon immer lebenden, von schon lange in Karlsruhe wohnenden oder gerade hierher gekommenen Menschen.

Viele der hier versammelten Texte setzten sich mit der Fremdheit und dem Ankommen in der Sprache auseinander und umkreisen so die Brückenfunktion der Sprache für das Vertraut- und damit Beheimatetsein. „Angekommen" ist daher ein Schreibwettbewerb, der sehr gut zu der Arbeit der vhs mit ihren Integrations- und Sprachkursen passt.

Die vhs hat mit dem Wettbewerb, mit dieser Ermutigung Texte zum Ankommen zu schreiben, einen wertvollen Beitrag zu den 29. Baden-

Württembergischen Literaturtagen geleistet. Die vorliegende Anthologie gibt davon ein überzeugendes Zeugnis.

Die Texte belegen die kulturelle Vielfalt unserer Stadt, und dazu zählen die Irritationen und Verunsicherungen, die mit dem Ankommen einhergehen, aber auch die kleinen und großen Glücksmomente.

*Dr. Susanne Asche*
Direktorin Kulturamt Karlsruhe

Banu Beyer

# Fremde Koffer

Du, mit dem fremden Koffer!
Du kommst nirgendwo an,
triffst niemanden,

weil nur dann
deine Einzigartigkeit
unangefochten bleiben kann.

Wegschauen ist Stillstand
alles erstarrt
an der Grenze der Bewegung.

Deine fremde Fröhlichkeit
in den Koffern
steckt niemanden an, bleibt an der Grenze.

Du verpasst es, anzukommen.

Dana Maria Burlan

# 1. Oktober zweitausend …

Das erste Geld ausgegeben: 67 € – fürs KVV-Studiticket (hat weh getan, da ich nur 100 € bei mir hatte!).

Das erste Essen: Döner – am Hauptbahnhof.

Die ersten Worte auf den Straßen: Merhaba, Salam, Ciao, zwischendurch mal ein Hallo (fand ich faszinierend und beunruhigend zugleich: Denn, wo waren die Deutschen?)

Der erste Weg: Mit dem Bus durch die Kühle der Waldstadt zu den kahlen, weißen vier Wänden meines neun Quadratmeter großen Zimmers im Studentenwohnheim. (Dasselbe Studentenwohnheim, das mir in den nächsten Jahren so viel Trost und Tränen und Freude, Freunde und Feinde, so viel Leben schenkte.)

Am Anfang hab ich sie geliebt – Diese Stadt bedeutete Freiheit für mich. Ich war allein und es war beängstigend, aber auch so herrlich aufregend. Hier konnte ich die sein, die ich die 19 Jahre zuvor nicht sein durfte.

Jahre später habe ich sie dann verachtet, weil ich so viele andere, schönere, lebhaftere Städte kennen lernte. Doch, ich habe ihr Unrecht getan, weil ich mich stets nach etwas Besserem sehnte, statt das zu schätzen, was ich an ihr hatte.

Heute ist der richtige Zeitpunkt gekommen, um sie um Verzeihung zu bitten: Es ist auf den Tag genau 10 Jahre her, seit ich Fuß in Deutschland und damit in Karlsruhe gefasst habe. Mittlerweile ist diese Stadt meine Heimat, meine Freundin. Sie ist bei Weitem nicht die Schönste im Lande (und die Baustellen machen sie auch nicht attraktiver!), aber sie ist mein(e) Karlsruhe.

Ich weiß nicht, ob ich noch weitere zehn Jahre hier verbringen werde, aber ich weiß, dass Karlsruhe mein Herz nie verlassen wird. Und so, wie die Erwähnung meines Heimatlandes stets zärtlich meine Seele berührt, so wird der Klang des Wortes Karlsruhe mir immer ein Lächeln auf die Lippen zaubern, egal in welche Ecke Deutschlands oder der Welt mich das Leben verschlagen mag.

Karlsruhe, ich gehör zu dir.

Soraya Brecht

# Vereint

Schmeichelnd

legen sich die zarten Sonnenstrahlen
auf meine Haut.

Einst als Hitze empfunden,
sind sie nun wohliges Warm.
Einst Feinde,
sind wir nun Freunde geworden.

Die Vögel
zwitschern mir ein melodisches Lied
von den Höhen und Tiefen des Lebens –
und es ist schön.
Denn gäbe es keine Tiefen,
wie könnten wir dann die Höhen erkennen?

Guten Morgen, Welt!
Ich liebe dich,
so wie du bist.

Weil du mir zeigst,
wie aufregend abwechslungsreich du bist.
Weil ich weiß,
dass Platz für mich ist.

Weil ich angekommen bin.
Endlich, endlich, endlich.

Fotografie: Joachim Marquardt

Jutta Fischer

# Gedanken zum Ankommen

In unserem Dorf in Rumänien führten wir ein überschaubares und sozial strenges Leben. Unsere Vorfahren hatten es für uns geregelt und wir konnten in ihre Fußstapfen treten, soweit es das politische System zuließ. Es war ein einfaches Leben.

Bei der Ausreise sagte mein Vater: „Am Anfang muss man sich in Deutschland anstrengen, sonst kommt man zu nichts." Ich hatte jedoch keine Vorstellung davon, wie lange solch ein Anfang ist.

Heute ahne ich es. Und ich befürchte es.

Der langwierige Integrationsweg beschäftigte mich viele Jahre. Er führte mich nicht nur zu einer neuen Kultur, sondern über ein anderes politisches und wirtschaftliches System in eine neue Lebenswirklichkeit.

Durch die Ausreisewelle 1989 kam es praktisch zur Auflösung der deutschen Lebensgemeinschaften und Kulturlandschaft in Rumänien. Es gab also kein Zurück mehr.

Seit 1985 lebe ich in Karlsruhe. Ich bin Aussiedlerin, Rumänien-Deutsche, laut Pass Deutsche.

Das neue Deutschsein ist anstrengend. Es lässt mir keine Zeit meine Gedanken zu Ende zu denken. Sie werden ständig unterbrochen. Die vielen Ansprüche des Alltags müssen bewältigt werden. Sie vereinnahmen mich und lassen nur Raum für Anpassung, nicht für Aufarbeitung. Einige der alten Gedanken, Gewohnheiten und Selbstverständlichkeiten sind immer noch da. Ich kann sie nicht ganz ablegen, weil ich noch keinen Ersatz für sie gefunden habe. Andererseits haben sich inzwischen neue Gedanken und Verhaltensmuster eingeschlichen. Diese haben viel Zeit gebraucht, um nicht mehr hinterfragt zu werden.

An keinem der Orte fühle ich mich angekommen. Es sind Bezugsorte. Manchmal habe ich das Gefühl angekommen zu sein, wenn ich meine Eltern besuche oder alte und neue Freunde. Es sind die Augenblicke, in denen ich wenige Worte brauche, um mich mitzuteilen.

Oder dann, wenn ich ein Buch lese, in der Sprache zweier Welten, die mir bekannt sind.

Stefan Mai

# World Wide Web

Durlach an der Seine
kleine, enge Gassen
Französisch im Ohr
kann nicht von ihr lassen

Karlsruh' bei Paris
wir radeln zu zweit
ins Café, und später
vergessen wir Zeit

Turmberg, Montmartre
wie wir so wandern
wird klar, es verwebt sich
das eine mit dem andern

Gabriele Schneider

# Deutschlandreise

Umgezogen bin ich schon oft. Nachdem ich meine Kindheit und Jugend in Karlsruhe verlebt hatte, zog es mich zum Studieren nach Ludwigsburg. Beim Bäcker verstand ich anfangs kein Wort. Und als meine Nachbarin fragte, ob sie mir Hägemark vom Markt mitbringen solle, ahnte ich nicht, dass sie von Hagebuttenmarmelade sprach. Auch als mich die Chefin des Buchladens, in dem ich jobbte, bat, eine Kiste auf die Bühne zu tragen, merkte ich erst vor Ort, dass dort keine Theaterstücke aufgeführt wurden; im Schwäbischen ist eine Bühne das, was ich als Speicher kenne. Dann zog ich für wenige Monate nach Bonn um und bemühte mich gar nicht erst, den Sprechsingsang zu enträtseln. In Berlin indes fühlte ich mich wie daheim, die Sprache war leicht zu verstehen, und wichtige Textbausteine waren die gleichen wie in Karlsruhe. Jeder verstand, wenn ich sagte, ich käme um dreiviertel acht, und wenn jemand sagte, er wohne im ersten Stock, war klar, dass er im Erdgeschoss logiert. Von der Hauptstadt ging es weiter nach Frankfurt am Main mit seinem von langgezogenen Vokalen und vielen schs dominierten Idiom. „Bernemere?", fragte man mich an der Haltestelle, doch ich verstand nicht, so oft die Frage auch wiederholt wurde. Eine Frau übersetzte: „Sind Sie Bornheimerin?" Heute wohne ich in einem Kraichgau-Dorf, 55 Kilometer von Karlsruhe entfernt. Die Einwohner legen großen Wert darauf, Badener zu sein, obwohl man sie Anfang der 70er Jahre dem Württembergischen zuschlug. Ihr Reden klingt beinah fremdländisch. „Wuschtammschanduraus?" etwa fragt nach der familiären Herkunft. Ich übe den oft derb daherkommenden Dialekt fleißig. Denn eines habe ich begriffen: Erst, wenn man sich die Mühe macht, die Sprache einer Gegend zu lernen, fängt man an, dazuzugehören.

Constanze Munzig

# Karlsruhe auf Zeit – hin und weg...

und wieder hin?
Der Abschied kam nach nur wenigen Wochen
doch die Option bleibt:
Karlsruhe und Badisch für länger?
Ich wär gern dazu bereit!

Anika Reisenhofer

# Stets auf Reise

Sonntagnachmittag, Berlin Ostbahnhof, ich steige in den ICE 875.

Am Bahnsteig stehen meine Eltern. Die Türen schließen sich und sofort schießen Mama Tränen in die Augen, während Papa sich bemüht, fröhlich zu wirken. Auch nach 9 Jahren haben sie sich noch nicht daran gewöhnt, dass wir 700 km voneinander entfernt wohnen. Ein letzter Blickkontakt, ein letztes Mal winken, dann verlasse ich mein schönes Berlin und fahre in den sonnigen Südwesten Deutschlands.

Ich bin traurig und doch freue ich mich auf zuhause. Ich weine, weil ich meine Heimat verlasse, aber je weiter ich Richtung Süden fahre, desto mehr verblasst die Trauer über den Abschied auf Zeit und das Glücksgefühl, wieder nach Hause zu kommen wird größer. Manchmal frage ich mich, was wäre, wenn ich jetzt sofort die Wahl zwischen Berlin und Karlsruhe hätte?

In Berlin lebt meine Familie. Dort bin ich aufgewachsen. Ich genieße die offene Art der Berliner, liebe die vielen verschiedenen Clubs, Cafés und mag das quirlige Tun der Großstädter 24 Stunden am Tag.

In Karlsruhe arbeite und liebe ich. Ich mag die Ruhe, die Nähe zum Schwarzwald und die fast schon dörfliche Atmosphäre. Ich mag beide Städte und ich fühle mich überall wohl.

Ankommen aber werde ich wohl nie. Ich bin stets auf der Reise: zwischen Heimat und Zuhause.

Fabiola Nonn

# Gestrandet

Unter diesem grauen Himmel
unter seinen trägen Wolken würden meine tollen Träume
niemals in Erfüllung gehen.

Jenseits aller Karten lag mein Ziel. Noch hinter dem Horizont
eurer unbedarften Seelen,
deren zweifelhaftes Schicksal an diesem Ort begraben lag.

Wie sehr ich euch bedauerte...

Die Nacht vereinte den Rhein und mein hoffendes Herz,
das von der Strömung erfasst
dem Glanz einer leuchtenden Zukunft entgegentrieb.

Es war an der Zeit,

alle Leinen zu lösen. Dem Wind wollte ich nun mein Lachen schenken,
nie wieder der alten Tage gedenken –
nun, da die sprühende Gischt mich umfing.
Dann kam der Sturm.

Noch leichter als das Segel riss mein Herz entzwei.
Und mit den zerschmetterten Planken
sanken die Splitter meiner Hoffnung zum Grund des Meeres hinab.

Meine letzten Gedanken,
als die Wellen über mir zusammenschlugen?

In dieser Welt ist niemand mehr,
der auf mich wartet.

Als mein Herz nicht länger schlagen wollte, haben die Wogen der Zeit
mich an den Strand meiner Heimat zurückgetragen.

Darf ich wirklich glauben,
dass du noch bereit bist, dich mir anzuvertrauen?
Mir ohne Vorbehalt zu schenken, was ich nie zu schätzen wusste?
Darf ich mir selbst diese Torheit vergeben?

Du sitzt neben mir und lachst.
Streckst mir deine Hand entgegen.

Und dieses Mal greife ich danach.

Stephan Licariao Rocha

# Brief an einen alten Freund

Lieber Thomas,

ach, das Leben ist manchmal so kurz wie ein Brief, oder? Ob ich in meiner neuen Heimat Nordbaden angekommen bin? Ankommen heißt abfahren: und ja, das bin ich! Der Arbeit wegen habe ich vor elf Jahren Vertrautes zurückgelassen, Familie und Freunden hatte ich schon früher Auf Wiedersehen gesagt, auch Dir. Nach Brandenburg kam Berlin, nach Berlin Hamburg, nach Hamburg Paris! Fernweh hat das Heimweh ersetzt! Bei meiner Ankunft hier habe ich die Antwort auf die Frage nach dem Weg nicht verstanden, das war hart! Aber entweder sprechen die Menschen mittlerweile etwas, das meiner Sprache nahe kommt oder ich verstehe sie! Hurra!

   Alles wirkliche Leben ist Begegnung, denke ich heute, Martin Buber, ruh in Frieden! Ja, ich bin angekommen, weil sie es mir leicht gemacht haben, die Menschen hier, bodenständig und weltläufig zugleich, mit ihrer Lebensart und Liebenswürdigkeit, Moderne wollend und Tradition achtend. Der Wunsch nach Leistung, nach Erfolg zählt. Diskret, man prahlt nicht gern, Besitz macht Neider. Berge zu beiden Seiten des Rheins, nicht zu hoch, aber hoch genug, dass sie meine neue Welt beschreiben, eine Welt mit menschlichen Maßen. Brauchtum, Vereine, der Wunsch sich örtlich zu engagieren, Patriotismus in seiner besten Form. In der alle profitieren, jeder gibt, jeder nimmt. Das steckt an! Ich bin stolz auf dieses Land! Meine Frau kam aus Brasilien nach Deutschland wegen des exzellenten Rufes der Heidelberger Universität. Geblieben ist sie wegen mir. Unsere beiden Kinder sind hier geboren. Für sie haben wir liebevolle Betreuer gefunden, das gibt's also nicht nur im Osten! Weil ich angekommen bin, sind sie es! Das gilt auch umgekehrt. Wir haben Glück gehabt, in jeder Beziehung! Und das wünsch ich dir auch.

   Bis bald und halt die Ohren steif!

   S.

Hans-Jürgen Knorr

# Mein Zufluchtsort

Jeden Tag aufs Neue komme ich zu Hause an. Hier fühle ich mich geborgen. Alles ist sauber und aufgeräumt. Ordnung umgibt mich und Sicherheit. Nach einem langen, arbeitsreichen Tag beschäftige ich mich manchmal mit meinen Briefmarken, die ich gesammelt habe. Ich sortiere sie, füge sie dann in mein Briefmarkenalbum. Wenn es nichts zu sortieren gibt, schaue ich mir die fertigen Bücher an. Das mache ich gern. Von Zeit zu Zeit sitze ich auch mal im Garten, mit meinem Nachbarn. Dann veranstalten wir eine Grillparty. Doch zwischendurch, wenn wir zu viel Alkohol getrunken haben, geraten wir in Streit. Oft wegen einer Kleinigkeit. Unsere Frauen und Freunde müssen dann schlichten, damit wir zur Ruhe kommen. Sobald wieder Friede zwischen uns ist, und wir unsere Flausen eingesehen haben, feiern wir fröhlich weiter. Spät am Abend, wenn jeder zu sich nach Hause geht, ist alles in bester Ordnung. Ich bin zufrieden und glücklich. Ich bin zu Hause. Ich bin angekommen.

Barbara Köhler

# neuland

aufbrechen

beobachten und entdecken
beschnuppern und abwägen
durchdenken und hinterfragen

vertrauen

loslassen und zulassen
dazulernen und erkennen
anknüpfen und neu ordnen

ankommen

Alicia Sérieux

# Sprachlos

Wenn man in ein anderes Land auswandert, sollte man dessen Sprache erlernen. Keine Frage. Die Diskussionen über dieses Thema füllen die Zeitungen und Internetforen. Doch, eine Sprache zu erlernen, funktioniert nicht von heute auf morgen. Es gibt einen Anfang, an dem man beginnt, die Angst zu überwinden und einfach darauf los zu reden. Worte sind jedoch nicht alles. Sie sind die schöne oder unschöne Verpackung unserer Gefühle, unserer Intentionen. Was ist, wenn man sich mit Worten nicht verständigen kann? Meine spanische Oma sagte einmal, dass man viel mehr auf die Gesten und die Mimik der Menschen achtet, wenn man deren Sprache nicht versteht. Dass man manchmal schneller einen Einblick in das Wesen eines Menschen erhält, gerade weil man nicht seine Sprache spricht. Ist das denn nicht auch so, wenn man sich in einen Menschen verliebt? Zuerst redet man viel, will einen guten Eindruck machen. Aber sind es nicht die Momente, in denen man sich nur ansieht ohne ein Wort zu sagen, in denen wir am meisten voneinander erfahren? Sind das nicht die Momente, die einem in Erinnerung bleiben? Wenn jemand die Stirn in Falten legt, sich kleine Lachfältchen in den Augenwinkeln bilden oder er die Schultern nach oben zieht, weil er sich unwohl fühlt? Worte können das alles verschleiern. Ist es manchmal nicht besser, die Worte außer Acht zu lassen? Einen Blick für die Menschen zu entwickeln, ohne sich von dem Gesagten in die Irre führen zu lassen? Ich habe erst mit Anfang zwanzig gelernt, fließend spanisch zu sprechen. Früher verstand ich meinen Lieblingscousin in Spanien nicht. Kein einziges Wort. Und gerade dadurch hat sich eine tiefe Freundschaft entwickelt, weil wir auf eine andere, besondere Art kommuniziert haben. Mit Achtsamkeit. Ein wenig mehr Achtsamkeit täte unserer Gesellschaft ganz gut, nicht wahr?

Lutz Brien

# Weggesang

Du stahlst die Glocke aus dem Tempel
Bist den Weg zum Fluss entlang getanzt
Deine Sehnsucht zieht im Wasser weite Kreise
Deine Augen küssten fremde, ferne Pferde
Du, der Pfeil, der in das Schwarze schießt
Im Tempel sprechen sie von dir mit Liebe
Im Tempel danken sie für deinen Raub
Ein Rabe sagt, jetzt bist du angekommen.

Natali Jentsch

# Der Weg zu sich selbst

Du stehst im großen Flughafen. Alles leuchtet, bewegt sich, macht Krach. Dein Puls schlägt im Kopf wie der Big Ben und stört beim Denken.

Jemand fragt dich etwas. Was er will? Der Mann zeigt auf sein Handgelenk. Klar, wie spät ist es? Seine Sprache ist noch nicht dein Freund. Die Zeit, die Sprache. Ja, natürlich, mit der Zeit kommen fremde Wörter zu Dir. Du weißt ganz genau: diese Zeit musst Du ganz allein durchstehen. Stumm und taub.

Du wirst abgeholt. Im Auto verwandelst du Dich in ein Puzzleteil, das genau hierher, in das gesamte Bild passt. Das überrascht dich.

Deine Gefühle fahren Achterbahn. Erst mal abwarten und Tee trinken. Eine hübsche Packung Grüner Tee mit Lychee drauf, verspricht gute Laune. Jetzt nur ordentlich zehn Minuten ziehen lassen und dann genießen. Na ja, schmeckt genau so bitter wie deine Einsamkeit. Wie trinkt man das?

Dein Zimmer ist winzig. Ein Hochbett und ein Fenster. Ein Tisch ist auch da. Du magst ihn nicht, weil darauf Briefe und Bücher zum Lernen liegen. Die Briefe verlangen von dir etwas oder verbieten das, was du vielleicht sehr brauchst. Die Bücher sind zwar netter zu dir, aber bieten nicht das, was du jetzt gerne lesen willst.

Die Bücher, deine geduldigen Freunde. Mit ihnen ist man nie allein. So viele sind im alten Zuhause geblieben. Du brauchtest neue. Ja, das ist ein Weg aus der eisernen Einsamkeit!

In der Buchhandlung lesen, lachen leise die Gleichgesinnten. Plötzlich eine Überraschung: stell dir vor, die Bücher sprächen zwar mit dir, aber du verstündest noch nichts. Enttäuscht?!

Bleibt nur eins, was immer und Allen hilft: die Liebe. Sie wartet nicht, bis du sprichst und verstehst. Sie holt dich da, wo du bist, umarmt dich, hüpft ganz hoch und landet sanft in deinem Herz.

Dann sagst du: „Ich liebe Dich", und weißt, dass du angekommen bist.

Banu Beyer

# Arrival

Wir gehen mitten auf einer endlosen Gangway,
eingepfercht zwischen viele Passagiere.
Gelandet sind wir, so wie die anderen,
aber angekommen noch nicht.

Dagmar Schultz-Javurek

# Seelen reisen

Ein sehr solid gebauter Raum,
die Wände stark, von schmutzig-grauer Farbe.
Acht Lampen, mattgelb, zählte ich,
und vor dem Lärm
verschloss ich stets mein Ohr.

Maschinen rattern hier wie anderswo.

Ich bediente nicht aus freiem Willen
seelenloses Werkzeug.
Mir ging es nicht um Pflicht, gar Vaterland,
nur einzig und allein um's Brot,
das ich mir so verdiente.

So wurd' ich alt. Die Türen schlossen sich.
Kollegen, Freunde, nach und nach verschwunden.
Dann ging der Sohn, mit Frau und Kind,
ein and'res, bess'res Land zu finden.

Ich blieb zurück, doch zu allein –
die Frau ist tot.
Die Seele leer, dann besser Mut,
und einen großen Schritt gewagt.

Die Ferne weit, die Reise lang, die Kinder warten.
Ich bin so müde, noch nicht ganz da, denn
Seelen reisen langsamer als Körper.
So bin ich angekommen.
Doch, Wo ist angekommen?

Yamel Lima Baquero

# Angekommen

Winter 1999 in Karlsruhe. Es ist mein erster Montag hier und in meiner dünnen Kleidung und mit einem Stadtplan in der Hand mache ich mich zu Fuß auf den Weg zur Sprachschule.

Ich laufe zu einer der größeren Straßen und möchte mich von dort aus orientieren. Ich schaue rechts und links und entdecke endlich den Namen der Straße. Prima! Ich suche im Stadtplan. Komisch... Keine der Straßen heißt so! Macht nichts. Ich gehe weiter, bis das nächste Schild kommt. Da steht aber wieder dasselbe... Warum nur hat irgendjemand gleich mehrere Straßen als „Einbahnstraße" benannt?

Zum Glück war die Schule nicht schwer zu finden, sonst hätte ich den verschneiten Tag vielleicht nicht überlebt! Ab diesem Moment hatte ich mehrere Jahre lang das Gefühl, mich verlaufen zu haben. Auch wenn Karlsruhe im Vergleich zu meiner Stadt in Mexiko vielleicht nur ein Fünftel so groß ist. Vor lauter Ruhe konnte ich nicht schlafen. Niemals hörte ich die Nachbarn.

Deutsch üben? Karlsruhe ist so international, dass ich jede Sprache außer Deutsch auf der Straße hörte. Die Sesamstraße half! Und der Griff nach einem vhs-Katalog lohnte sich. Nach einer Unternehmensbesichtigung absolvierte ich ein Praktikum, baute mein Deutsch auf und wurde Masterstudentin. Ganz verloren war ich nun nicht mehr. Nie hat das Lernen so viel Spaß gemacht! „Der, die oder das Brezel" in der Bäckerei zu bestellen war meine neue Methode, um Artikel zu lernen.

Heute arbeite ich für die Automobilindustrie, wohne in einem Haus aus dem 19. Jahrhundert, liebe die Weinfeste, die Weißwurst, den Schnee, die Ordnung und die Pünktlichkeit. Mein Ehemann meint, es gäbe noch etwas, das mich noch deutscher macht, als mein Pass: meine neue Mitgliedschaft im Sportverein!

Oft hatte ich das Gefühl, in Deutschland im Kreis gelaufen zu sein, aber jetzt bin ich endlich zu Hause angekommen.

Sarry Menzel

# Was willst Du?

Du bist angekommen, bist Du das?
Die Heimat verlassen, Freunde, Gefühle zurückgelassen.
Deine Seele schwebt noch in der Vergangenheit.
Willkommen hier bei uns.
Hoffnung kann Dich hier begleiten auf Deinem neuen Weg,
Erwartungen, Umkehr, Träume, ein besseres Leben.
Willst Du das?
Du entscheidest!

Rosemarie Müller

# Worte wie Balsam

Ohne eine Green Card zu besitzen, haben mein Mann und ich acht Jahre in den USA gelebt. Insider wissen, was das bedeutet. Es waren acht aufregende Jahre, eine Zeit voller Stress und Ungewissheit, in der wir unentwegt versuchten, auch mit der berühmten Green-Card-Lotterie, in den Besitz des magischen Dokumentes zu gelangen. Zum Schluss konsultierten wir zwei amerikanische Immigrationsanwälte. Beide bestätigten uns, dass wir keine Chancen hätten, unser Ziel zu erreichen. Ende eines Traumes, Ende einer Lebensphase.

Neubeginn in Deutschland. Aber wo? Wir hatten in Hessen ja alle Zelte abgebrochen. Da erinnerten wir uns an wunderbare Urlaubstage im Schwarzwald. Ja, da würden wir gern wohnen. Berge, herrliche Wälder, gute Luft, freie Einreise! Per Internet suchten wir uns eine Ferienwohnung und wollten von hier aus eine neue Bleibe suchen. Im Frühling kehrten wir zurück, überall blühten die Bäume. Wie hatten vergessen, wie schön Deutschland ist. Wie grün! Eines Morgens saßen wir beim Frühstück, das Radio lief, und da hörten wir sie, Worte wie Balsam: „SWR4 Baden-Württemberg – da sind wir daheim." Wir sahen uns an, mit feuchten Augen. Ja, das wollten wir, daheim sein in Baden-Württemberg. Wir wollten uns sicher fühlen, nicht mehr um ein Visum kämpfen.

Heute Morgen bin ich die Murg entlang gefahren zum Einkaufen. „Wie schön es hier ist", dachte ich. Wir wohnen jetzt seit 4 Jahren in der Nähe von Rastatt und fühlen uns daheim. Die Menschen sind freundlich, die Gegend ist bezaubernd, und an den Dialekt haben wir uns auch gewöhnt. Nur als die Kassiererin im Supermarkt bei meinen ersten Einkäufen zu mir sagte: „Ich wünsche Ihnen ein schöner Tag", da schluchzte der Akkusativ in mein sprachempfindliches Ohr. Mittlerweile sind diese Tränen versiegt. Und auch ich wünsche allerseits „ein schöner Tag."

Monika Miller

# ankommen

fühlen
zuhause
sein
wollen
vollständig
da-sein:
ich bin
jeder schritt dorthin
erinnerung
leben

Dalia Staus

# Die Antwort

Ein Jahr ist es her, als ich das erste Mal nach Karlsruhe kam. Es war vor Weihnachten, so um den 15. Dezember. Die Tage waren kurz und mir war kalt. Der Winter war nicht nur draußen zu spüren, sondern auch in meinem Herzen. Ich komme aus einem Land, in dem Zitronen wachsen, wo das Meer rauscht, wo man abends Gitarre am Strand spielt und wenig auf die Uhr schaut. Hätte ich keine Sorgen gehabt, wäre ich zuhause geblieben. Aber ich hatte Sorgen. Viele hatten und haben Sorgen.

Nun bin ich hier, in Karlsruhe. Seit einem Jahr esse ich hervorragende Brezeln, Schupfnudeln, Maultaschen, Serviettenknödel und Schweinebraten. Seit einem Jahr höre ich leiser Musik, um den Nachbarn nicht zu stören und es stört mich nicht mehr. Seit einem Jahr wird am Marktplatz gebaut, aber ich verlaufe mich nicht mehr. Ich kann sogar eine S-Bahn von der Straßenbahn unterscheiden. Und ich weiß schon, in welcher Straßenbahn mir der Po von den Holzbänken schmerzt. Seit einem Jahr übe ich die Sprache der Einheimischen: isch konn soga oin wenisch bodisch. Auch wenn die Badener mein Badisch nicht immer verstehen. Außerdem habe ich einen Freund gefunden: Niklas aus Durlach. Er ist, übrigens, mein einziger, deutscher Freund. Zwar habe ich viele Bekannte und Arbeitskollegen aus Karlsruhe, aber fast alle wollen nach der Arbeit schnell nach Hause und am Wochenende eine Fahrradtour mit der Familie unternehmen. Das macht nichts. Seit einem Jahr bin ich selbstständiger geworden und kann auch mit weniger Freunden auskommen. Seitdem mir Niklas schöne Örtchen gezeigt hat, kann man mich regelmäßig am Schlossplatz, auf dem Turmberg und in einem Cafe in der Durlacher Altstadt finden. Auch allein.

Heute, nach fast einem Jahr, treffe ich mich mit Niklas am Marktplatz. Wir gehen Glühwein trinken und Schupfnudeln essen. Meine Mutter hatte mich vorhin am Telefon gefragt, wie es mir ginge, so kurz vor Weihnachten. Sie wusste, dass ich noch vor einem Jahr am Boden zerstört war. Während des Gesprächs stellten wir fest, dass es mir jetzt eigentlich gut geht. In drei Wochen läuft mein Arbeitsvertrag aus, ich könnte ihn aber verlängern lassen. Ich meine, ich vermisse die Zitronenbäume, und auch das Meeresrauschen, aber nach einem Jahr bin ich auch mit Äpfeln zufrieden und mag den Grötzinger See.

Niklas hat mich neulich gefragt, ob ich mich in Karlsruhe angekommen fühle. Da wusste ich noch nicht, was ich antworten soll. Ich war mir einfach nicht sicher.

In einer Stunde werde ich ihn beim Schlürfen des Glühweines darauf ansprechen. Und ich glaube, er wird sich über meine Antwort freuen.

Karin Zomer

# Ma ka's nawürge*

Das Telefon klingelt. Sicher wieder so eine dumme Umfrage, denke ich und hole tief Luft zum abwimmeln, aber dann trifft mich doch gleich die erste Frage: Ob ich gut angekommen bin im Ländle?

Na, freilich! Jedes Jahr hier hat mir ein ganzes Kilo beschert und beschwert, ist ja auch kein Wunder als Nei'gschmeckde. Morgens zum Frühstuck gibt es so herrliche Brötchen mit G'saelz oder Hägemark, so um Zehne rum eine Butterbrezel, zum Mittagessen dann deftiges wie a Rostbrade, Käspätzle, Herrgottsbscheißerles oder andere Spezialitäten.

Bin ich mittags zum Kaffee eingeladen, scheint es unhöflich zu sein, nur ein Stück des selbstgebackenen Kuchens zu nehmen, um dann den Tag mit einem Schlachtplattevesper zu beschließen. Um von den feinen, kalorienreichen, Guatzle ganz zu schweigen.

Ach, so war die Frage gar nicht gemeint? Gut Angekommen? Ja, doch das auch.

Mit meinem „sym-badischen" Mann habe ich mich vor gut zehn Jahren im Ländle niedergelassen.

Sprachliche Barrieren – wollen Sie wissen? Ach was, ich liebe diesen Singsang, habe sogar beim Erreichen des Gescheitenalters auf Schwäbisch eingeladen. Ich lache mich halbtot über den Mundarthumor der Schwaben. Apropos lachen, ich bin so froh, dass unser ganzes Haus unterkellert ist, da habe ich viel Platz zum Lachen.

Leider habe ich es noch nicht geschafft das Prädikat „Schwäbische Hausfrau" zu erwerben. Dieses fleißige Treiben der Schwaben ist phänomenal, was die alles entwickeln, bauen, was die können, was die hervorbringen; Häuser, Heilig's Blechle, Dichter, Sänger, Komödianten. Ich staune und genieße es hier.

Ja, manchmal packt mich das Heimweh, vermisse ich einen starken, salzigen Nordseewind, aber dann packe ich meine Badesachen und hupfe ins Thermalbad, diese wohlige Wärme vertreibt jede Trübheit.

*(\*heißt: des Schwaben höchstes Lob für die Köchin)*

Landschaftlich hat meine Wahlheimat viel zu bieten. Da kann ich dann die Pfunde beim Walken, Wandern, Langlaufen oder Radeln wieder loswerden.

Lobenswert an den Schwaben finde ich zudem die Fähigkeit zum Sparen, ausgenommen die Sparsamkeit beim Loben! Weil: Nicht geschimpft, ist schon genug gelobt!

Sigbert Kunze

# Ankommen

Wie die Welle an diesem Strand
in diesem Sand an diesem Land
aus dem großen Meer
kam ich her
und was ich fand
als ich so stand
ich war mir fremd und leer
es war nicht so lange her
da war ich Woge und Sturm
war Wellental und Wellenberg
Höllenqual war ich und
Zwerg und Wurm
War mir dieses Ufer bestimmt
wo ich in den Sand eindringe
wo mich derselbe Wind
in den Zweigen
zum Singen bringe
oder im Schweigen
mein Herz erklingt
Nun bin ich da
habe an Land
meinen festen Stand
doch darunter auch
ist Sand

Aleya Yaron

# Marrakesch, mon Amour

Vanille, Safran, Zimt und Orangenschalen. Hier findet mein Herz einen Schlag lang Geborgenheit, wie in der Umarmung einer Schwester. Mein Blick streichelt farbig gefüllte Zellophanbeutel, wie die Hand eines Sentirspielers sein Instrument. Ich halte mir ein Tütchen mit gelbem Pulver unter die Nase und schließe die Augen. Aber, in diesem Land duften die Gewürze nicht. Karlsruhe. Kein arabischer Frühling, kein Duft nach Heimat. Ich öffne eine Gewürztüte mit gelbroten Härchen, kleine Stempelfäden des Krokus, und sauge den Duft ein, spüre den Schwindel. Ich reiße weitere Tüten auf, mit roten Flocken, grünen Körnern, braunen Stangen und werfe alles hoch in die Luft. Die Kapseln des Kardamoms platzen auf und fallen als Blüten auf mich nieder. Safran, Chili, Kumin und Basilikum verwandeln sich in Tücher, die so zart und transparent sind wie Schmetterlingsflügel, sie segeln als Schleier auf mich herab. Ja, ich bin Alima, ich tanze für dich, tanze über die Djema el Fna. Hörst du die Zimbeln in meiner Hand, das Klimpern der Pailletten, spürst du den Rhythmus der Trommel aus Ziegenfellhaut? Und ich bin Namika, die dir Scheherazades Märchen neu erzählt, von Kalifen und Bettlern, von Karawanenführern und Schlangenbeschwörern, Alfleilawahleila. Ich bin Leylah, die dich nachts auf seidene Kissen bettet, dich mit Tintentrauben, Datteln und Honig verköstigt und dir eine nach Apfel duftende Wasserpfeife reicht. Ich bin auch Roya, die einen seidenen Teppich vor dir ausrollt und hui, schon fliegen wir über die flachen Dächer der Stadt, vorbei an Minaretten, aus denen der Abendruf des Muezzins lockt, und weiter, höher in den Himmel hinauf, wo Sterne unregelmäßige Lichtblitze schleudern. Hier bin ich Hilal, die die schmale Sichel des Mondes für dich pflückt, auch wenn ich mich an ihrer scharfen Kante schneide und meine Finger bluten. Hilal. In diesem Moment schnappt die Hand des Marktleiters wie eine Eisenfessel um meinen Arm, führt mich in sein Büro. Name? Ich bin Charda, die Ausreißerin, aber ich habe keinen Namen. Woher kommst du? Einst hat mich der Stamm der Ramiye gestohlen, da war ich noch klein, und an eine kinderlose Hure verkauft. Aber ich weiß nicht, woher ich komme. Dein Land? Es duftet nach Zimt dort, denke ich, antworte aber auf keine der Fragen. Elende Kanaken, murmelt der Marktleiter und schüttelt den Kopf wie ein Kamel, das Fliegen verscheucht. Ich rufe die Polizei. Er greift zum Telefon, tippt. Bitte, ich habe keine Papiere, flehe ich und strecke meine goldbraune Hand nach ihm aus, deren offener Teller wie ein Herbstblatt von einer Nervatur zarter Adern und Linien durchzogen ist. Die Herzlinie gleicht einer Narbe, die Schicksalslinie hat weder Anfang noch Ende. Mhm, der Mann in dem weißen Kittel zögert, legt den Hörer zurück und bäumt sich wie ein Flaschengeist vor mir auf. Er legt seine haarigen Hände, die mich an die des Schächters erinnern, auf meine Schultern. Also gut, aber dann zeig dich gefälligst erkenntlich. Er leckt sich mit seiner Zunge die rissige Unterlippe, beugt sich zu mir hinab. Da mache ich meine Augen zu, schließe den Vorhang des Berberzelts und gehe an den Ort des Vergessens, an dem alles verstummt. Gleichzeitig öffne ich meine rotbraunen Lippen, meinen nach Zauberworten hungrigen Mund, der wie eine arabische Kaffeebohne im Mörser davor zittert, gleich für immer zermahlen und zerstoßen zu werden. Ich bin Vega, die Untergehende. Und denke an den Duft von Koriander und Kardamom.

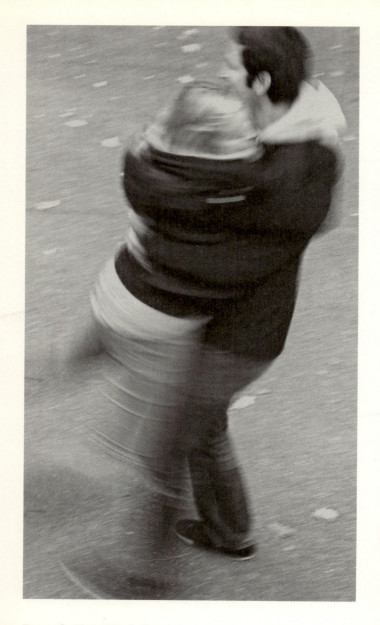

Fotografie: Karin Blumhofer

Stefanie Schweizer

# Läufer

Das umständliche Packen
macht müde, macht schwach.
Du willst an nur einem Ort sein,
nicht ständig auf der Suche und wach.

Die Wellen des Hin und Her,
keuchender Abend ohne Rast,
Keine Stille in wilder Flut,
eiliger Landschaftszug voller Hast.

Dein Weg nimmt dir die Kraft,
du schläfst in der Wärme des Tags
denkst im fröstelnden Schwarz der Nacht.
Eine ewige Wanderschaft;

hat den Drang in dir entfacht
An einem Ort stimmig zu sein.
Zwischen Nord und Süd ganz allein.
Zwischen West und Ost völlig allgemein.

Auf der Suche nach Daheim.

Vladimir Egorov

# Die Seele Deutschlands

Alle deutschen Städte haben ein Einheitsmerkmal – sie erwuchsen auf natürliche Weise und wurden während der Entwicklung des Landes dort geboren, wo in erster Reihe ihre wirtschaftliche Notwendigkeit lag. Wahrscheinlich gibt es in Deutschland keine Stadt, die nach dem Beschluss der Regierung für die Erreichung militärisch-politischer Ziele gebaut und danach ihrem Schicksal überlassen wurde, um im Laufe der Geschichte langsam zu sterben.

Große Städte sind uninteressant, weil sie überall in der Welt nur ein einziges, gemeinsames Merkmal haben – sie sind Riesenstädte, die jeden, der auf ihrem Weg steht, fressen wollen. Und, gibt es keinen Unterschied zwischen Hamburg und New York, Istanbul und Moskau? Nicht in Russland, einem Land, das keine Riesenstadt außer den zwei Hauptstädten hat. Andere Hauptstädte der Welt stellen nicht nur die wirtschaftliche Kraft ihrer Länder dar. Sie sind die Gesichter der Staaten. Deswegen hat ihre Riesenhaftigkeit eine ganz andere Eigenschaft.

Das wirkliche Gesicht Deutschlands, das wahrlich seine Seele darstellt, wird durch die mittleren und kleinen Städten wie Tübingen, Pforzheim, Freiburg, Hildesheim, Bretten, Ludwigsburg dargestellt. Diese Reihenfolge kann man mit Karlsruhe, Hannover und Stuttgart ergänzen, wenn man deren Altstadtteile betrachtet. Auch diese Städte haben ein Einheitsmerkmal, nämlich die geschickte Kombination aus Stein und Natur. In deutschen Städten sind Kleidung und Schuhe immer sauber. Es fehlt an Schlamm auf den Straßen, der in Russland die Schuhe unerträglich schmutzig macht. Sogar während des Regens im Herbst oder Winter gibt es keinen Schlamm auf den Straßen, genauso fehlt es an Staub im Sommer, während der Hitze. Ein Grund dafür ist der Stein, mit dem die Straßen gepflastert oder gebaut sind. Aus irgendeinem Grund reicht das Geld in den Budgets der Städte dafür immer, obgleich er teuer ist. Für deutsche Beamte ist es ganz und gar ungewöhnlich, Geld aus der Stadtkasse zu stehlen. Trotzdem reicht das Geld immer für die gute Ausstattung der Straßen und den Unterhalt der Gebäude, sogar in den kleinen und nicht reichen Städten.

Stein diszipliniert. Seine Formen sind immer konkret. Er zerfließt nicht während des Regens. Immer behält er seine Form. Neben der gepflasterten Straße liegt meist Rasen mit lebendigem Gras oder ein Park, in dem die Fußwege mit Stein gepflastert, Rasen und Wiesen sorgfältig geschnitten und aufgeräumt sind. Und daraus ergibt sich das harmonische Zusammenspiel aus Festigkeit und bestimmter Form des kalten Steins sowie der Weichheit und Nachgiebigkeit der Erde, des Grases und der Blumen. Genauso wie die zwei Seiten der Natur – Stein und Erde als lebendige und erstarrte Formen. Hier bildet sich ab, was die von Gott geschaffene Welt dem Menschen in ihrer Harmonie zeigen möchte.

Die herrliche Kombination solcher Gegensätze ist auch an Flüssen zu sehen, die durch Städte verlaufen – Festigkeit und Härte des Steins zusammen mit dem fließenden Wesen des Wassers. Das freie Wesen der menschlichen Seele muss von den festen und kalten Formen des Steins eingedämmt werden, wie beim Fluss. Wenn die Ufer weggeschwemmt werden, fließt der Strom schnell zu seinem Ziel. Er erfüllt mit seiner Strömung die Stadt mit Leben, bringt lebendige Natur mit kaltem und erstarrtem Stein näher zueinander.

In diesen Häusern, an den steinigen Ufern der Flüsse und in den gepflasterten Straßen liegt die Seele Deutschlands. Äußerlich ist sie hart wie Stein, innerhalb lebendig und nachgiebig.

Elke Janßen

# Die Worte des Anderen zu versteh'n ...

das ist eine Kunst, von der zu lernen man niemals genug bekommen kann. Was bedeutet es manchmal, wenn du einen Fremden triffst, der deine Sprache nicht versteht, und doch kann es sein, dass er mit dem Herzen spürt, was dich innerlich bewegt.

Besser als derjenige, den du jahrelang kennst, dem du so viel zu sagen hast, du sagst es ihm eintausend Mal, immer und immer wieder und doch scheint er nicht zu hören, was du sagst.

Er versteht nicht, was du eigentlich meinst.

Wie soll ich ankommen?
Wie soll ich meine Wünsche vermitteln?
Wie sage ich es am besten, dass man mich versteht?

Gibt es eine Regel der Kommunikation?
Gibt es ein Gesetz der Sprache?
Gibt es etwas, das Brücken baut?

Ein Wort in Kritik gesprochen!
Ein Wort in Hass gesprochen!
Ein Wort, das alles vernichtet!

Ein Wort in Liebe gesprochen!
Ein Wort mit dem Herzen gesprochen,
überbrückt alle Grenzen der Sprache!

Was wäre die Welt ohne Worte?
Schweige und du wirst hören!
Frage und du wirst Antwort bekommen!

Rede, doch du weißt nicht, ob man dich versteht

Alissa de Vries

# Helm auf!

Man merkt es schon am Fahrradfahren ... Wenn ich in Holland durch die Straßen fahre, mich links und rechts kein Auto interessiert, weil ich heilig bin wie eine Kuh in Indien, dann muss ich jetzt um mein Leben bangen, wenn ich hier die Straßen durchquere, weil der Radweg, wenn es einen gibt, oft zugeparkt ist. Dann denke ich mir nur: komische Karlsruher, stecken Millionen in eine U-Bahn und bauen nicht mal Fahrradwege für Leute wie mich. In Holland gäb es Volksaufstände gegen ein Projekt wie die U-Bahn, aber erst nach einem Kopje Koffie, nach einem Kaffee. Auch die Karlsruher sind gemütliche Menschen, offen. Fragt man nach dem Weg, weil man nach zahlreichen konditionszehrenden Irrwegen ankommen möchte, haben sie den „Iberblick". „Und an der Straß nunder und dann sind Se mim Velo schon faschd an der Uni." Das kann man noch gut verstehen. Aber, als wir Volleyball spielten, schrie mir eine Spielerin des gegnerischen Teams zu „Die Andre hend!". Und so machte ich, wie zugerufen, den Aufschlag mit der anderen Hand. Doch das hatte sie damit gar nicht gemeint. Das sympathischste Wort, was ich hier aufgeschnappt habe, ist der Fatz, die Bezeichnung für ein kleines, süßes Stück wie beispielsweise ein Plunder.

Koffer packen, Abschied nehmen und ohne dass man es will, ändern sich die Schauplätze, Akteure und an den Fenstern hängen auf einmal wieder Gardinen! Kulturschock! Doch wirkt meiner noch milde, verglichen zum Beispiel mit dem vieler Asiaten, die hierher übersiedeln. Die haben sogar anderes Besteck und die trennt das Meer von zu Hause. Doch irgendwie sind wir alle gerne hier, wegen des Studiums, wegen unserer Arbeit oder wegen eines Partners.

Ich setze einfach meinen Fahrradhelm auf und fühle mich jetzt sicherer im Karlsruher Straßenwirrwarr.

Fotografie: Lila Alexarakis

Swen Ahlers

# Fächerstadt

Ich bin ein Punkt in Dir,
der Einsicht gewinnt
in die Magie zu strömen
unabhängig der Meilen,
die du mir zeigst.

Es ist die Oberhand,
die über mich wacht,
von morgens bis abends
keine Ausstrahlung, kein Ende.

Vieles kalkuliert, statisch konstruiert,
verschlossen,
nichts Sinnvolles wird begossen, nur bedrängt
was vor mir hängt:
mein Karlsruhe.

Nina Berbner

# Ankunft im Hafen

Zwei Hessenkinder suchen eine neue Heimat. Bisher beruflich in Baden-Württemberg aktiv, suchen sie nun einen Alterssitz, besser: Alterssteg, denn sie sind Wasserfreunde.

5. September 2012 Ankunft Karlsruhe Maxau, steht im Logbuch.

„Anlegen und festmachen!", lauten die Kommandos beim Einlaufen in den Hafen. Die Ankunft bei der Sportseefahrt am Steg ist ein adrenalinsteigernder Vorgang. Sind die Leinen fest, werden die das Boot vor Kratzern schützenden Fender angepasst. Ist das Boot angekommen, nimmt die Spannung ab.

Der Kapitän füllt die Hafenkarte aus und erfährt beim ersten Bier, dem Anlegerbier, das Neuste vom Tage. In die Hafenkneipe geht man in legerer oder maritimer Kleidung, je nach Ort. Hier hat man „Freundschaft auf dem Wasser" vereinbart, (einen Preisrabatt für befreundete Klubs), egal, aus welchem Land die Schiffsführer anreisen. Mit Rücksichtnahme auf dem Wasser und Anstand an Land verstehen sich die Menschen, egal ob sie schwäbisch oder badisch sprechen. Wasser verbindet Menschen über alle Grenzen hinweg.

Zu Wasser lernt man aber auch das Land kennen. Karlsruhe ist bekannt als „Residenz des Rechts" mit seinem Bundesverfassungsgericht als oberste Rechtsinstanz, die es in Deutschland gibt. Das Zentrum für Kunst und Medientechnologie ist Europas größte Produktionsstätte für Medienkunst und machte Karlsruhe in der internationalen Szene bekannt.

Dorthin geht es morgen, bevor es wieder im Logbuch heißt:

Abfahrt Karlsruhe Maxau am 6. September 2012 um 15 Uhr.

Oder sind die Hessenkinder angekommen, haben sie hier ihren Heimathafen gefunden?

Marion Lichti

# Schwabian in Karlsruh'

*Zu singen auf ein Melodienmedley aus Udo Jürgens'*
*Ich war noch niemals in New York und Stings' Englishman in New York*

I war no nie im ECE
I wasch mi bloß im Epplesee
Wohn in dr Südstadt
ond hab abgelatschte Schuh
Verdien mei Geld im Varieté
doch füllts mr nie mei Portmonee
I bin a Loser hier,
was emmr i au tu.

Am allerliebschda trink i Trollinger
ond schwätz meim Nachbar emmr nei.
Doch wenn i des hier mach – mei liebr Scholli –
na gibt's a Gschrei, a dondermäßigs Gschrei.
I wär so gern im Daimler-Management
in era Dependence in France
Doch ka mrs höra an meim Akzent, wenn i schwätz,
du hasch koi Chance, als Schwob hosch du koi Chance.

Oh, oh, I'm a Schwabian
I'm a legal Schwabian
I'm a Schwabian in Karlsruh

I bin net für dr KSC
pfeif liebr für dr VfB
doch wenn i des zugebba dät
na wär i hier schee bleed.
Drom leb ich weiter hier alloi
ond halt mei Maul
ond mach koi Gschrei
ond dapp halt rom in meine abgelatschte Schuh

Oh, oh, I'm a Schwabian
I'm a legal Schwabian
I'm a Schwabian in Karlsruh
I'm a Schwabian in Karlsruh
I koch mei Spätzle in Karlsruh
I mach mei Kehrwoch in Karlsruh

Laura Campioni

# Die Philosophie der Mäuse

Meine Pappkisten sind noch voll mit all den Büchern, die ich bereits gelesen habe, von denen ich mich aber nicht trennen kann. Ich fühle mich weniger nackt, in einem Land, in dem die Leute eine Sprache sprechen, die ich nicht verstehe.

Ich habe gelernt zu sagen, wie ich heiße. Ich verbessere mich jeden Tag, wie ein Mädchen, das in die Schule geht. Die Leute korrigieren mich mit derselben Geduld, die sie bei einem Kind aufbringen. Jedes Mal, wenn ich Deutsch spreche, begleitet mich ein Gefühl von Scham und Unbeholfenheit. Ich brauche Hilfe, um Briefe oder E-Mails zu schreiben oder zu lesen. Bittet mich auf einem Amt jemand ein Formular vor Ort auszufüllen, weiß ich nicht was besser ist: eine Ohnmacht vorzutäuschen oder zu fliehen!

Wörter, was sind die Wörter, wenn nicht das Kleid, das unsere Persönlichkeit trägt?

Während ich in meiner Stadt an den Ufern des Tiber oberhalb der brackigen Gewässer entlang schlendere, kann ich vergessen, dass ich sterblich bin. Rom, meine Stadt, berührt meine Seele und lässt mich spüren, dass Kunst die Illusion der Unsterblichkeit zu befeuern scheint: sie lässt uns die Grenzen des alltäglichen überschreiten und zeigt, dass auch wir anders sein müssen, anders, als es die anderen von uns erwarten. Die Konvention beschützt uns vor dem Unerwarteten, sie schützt vor dem Leben.

Karlsruhe ist eine ordentliche Stadt, sauber, effizient und funktional. Sie ist eine Stadt für Kinder und Mütter: Straßenbahnen empfangen die Kinderwägen mit ausfahrbaren Trittbrettern. In allen Ämtern gibt es schöne Wartebereiche, in denen man oft weniger lange warten muss, als man es gerne würde. Die Stadt ist voller Wege für Fahrradfahrer, die hier keine Selbstmörder sein müssen, wie dort, wo ich geboren wurde. Von wo immer mehr Leute fliehen, um Arbeit zu finden: ehrliche Menschen, die in der Geschichte keine Spuren hinterlassen werden. Korrupte Verwalter und verantwortungslose Regierungsbeamte haben ihnen die Zukunft und eine lebenswerte Gegenwart geraubt.

Wunderbares Karlsruhe, ich liebe dich! Das effiziente und aufrichtige Deutschland gibt mir die Hoffnung auf ein besseres Leben zurück.

Was Deutschland aber zurückgewinnen sollte, ist der Sinn fürs Unnützliche, für das, was die Seele anspricht; den Sinn dafür, die Kunst, das Schöne, Farbige und Ungewöhnliche zu entdecken, um die grauen Wintertage fröhlicher zu machen. Ein bisschen so, wie Frederick die Maus in Leo Lionnis Buch.

Andreas Glanz

# Auf ewig

Und hier bin ich,
ganz und gar für dich,
wie Jack aus der Kiste,
aber steh' ich überhaupt auf der Liste?

Egal, jetzt bin ich hier,
und bleib' bei dir.

Julia Bohr

# Wunderland

Dezember 1989, gegen 18 Uhr: Ich bin zehn Jahre alt und fahre zum ersten Mal in einer gelben Straßenbahn. Die grünen Sitze faszinieren mich. Müssen neu sein, da noch so sauber und kuschelig bequem, außerdem sind noch alle vorhanden. Ich suche in den Polsterritzen nach Kleingeld. In meiner alten Heimat gab es mindestens drei Münzen pro Busfahrt. Hier finde ich nur einen Pfennig. Ich vermute, die Karlsruher haben keine Löcher in den Hosen und verlieren deswegen ihr Kleingeld nicht so oft. Wir steigen am Berliner Platz aus. Warum der Platz so heißt, verstehe ich nicht. Muss Mama fragen, ob wir jetzt in Berlin sind und nicht mehr in Karlsruhe. Ich sehe überall Lichter. Eine Trillion Glühbirnen leuchten die gesamte Kaiserstraße runter. Müssen wohl dem Kaiser zu Ehren an sein. Später erfahre ich, dass in dieser Straße kein Kaiser wohnt. Bin deswegen etwas enttäuscht. Die vielen Lichter irritieren mich. Wie ist es möglich, dass so viele auf einmal brennen. In meiner alten Heimat gibt es nicht einmal zwei Straßenlaternen nebeneinander, die funktionieren. Papa meint, Karlsruhe hat ein stabiles Stromnetz. Er muss es wissen. Er sagte Mama immer, sie solle Kerzen kaufen, sonst müssten wir im Dunklen essen. In Karlsruhe werden wir wohl keine Kerzen brauchen. Das finde ich gut, weil ich immer noch Angst im Dunkeln habe. Abends in meinem Zimmer schreibe ich einen Brief in die alte Heimat:

„Bin gut im Wunderland angekommen. Die Stadt gefällt mir ganz gut, leider verlieren die Karlsruher nicht so viel Geld. Dafür ist es die ganze Nacht lang hell draußen. Bis bald." Mama verspricht mir, morgen den Brief zur Post zu bringen. Ich hoffe der Brief kommt noch dieses Jahr an.

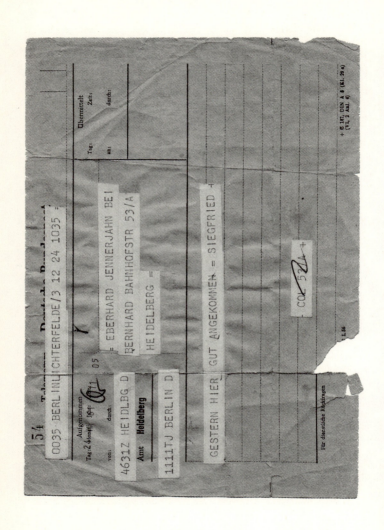

Fotografie und Text: Birgit Jennerjahn-Hakenes

# Grenzen – Los

bschied NEHMEN Grenzen Entfernen Kilometer Ohne Mauern Meere Ehrlicher Nachbarschaft

A usschau Nach Grenzenloser Einigkeit Kilometer Ohne Mauerblick Mauerspechte Erwartungslose Neugierde

nkunft Neubeginn Grenzenlos Erleichtert Kilometer Ohne Mauer Männer Erschießen Niemanden

Der goldene Westen liegt
links
schlägt das Herz

Eva Paur

# Vastehsch des?

Eine Sprache zu beherrschen ist für mich entscheidend. Wir verbrachten beruflich drei Monate in Japan. Es war selbstverständlich für mich, in der Vorbereitung Japanisch zu lernen. Wir wanderten auf dem Jakobsweg – ich habe zwei Semester Spanisch an der vhs gelernt. Auch auf Finnisch, Ungarisch oder Chinesisch kann ich wenigstens „Guten Tag" und „Danke" sagen. Aber nun lebe ich schon 27 Jahre in Baden und Badisch kann ich noch immer nicht.

Als damals die Möbelpacker aus Karlsruhe zu uns nach München kamen, verstand ich kaum ein Wort. „Mein Gott", dachte ich „wo komme ich da hin?" Aber vor Ort war es doch nicht so schlimm. In den ersten Jahren lernte ich kaum echte Karlsruher kennen. Im Forschungszentrum und in der Waldstadt arbeiteten und lebten hauptsächlich Zugezogene wie wir. Beim Einkaufen lernte ich schnell, dass eine Semmel hier Weck heißt und dass der badische Metzger etwas anderes unter Lyoner versteht, als der bayrische. Mit der Zeit gewöhnte ich mich auch an die leicht amüsierten Blicke über mein bayrisches „Grüß Gott" und Fragen wie „Welletse a gugg?" konnten mich nach einer Weile nicht mehr aus der Fassung bringen, stattdessen antwortete ich prompt „Nein danke, ich brauche keine Tüte."

Aber mir war das Badische zu flach, zu unartikuliert, zu wellenarm. „Dädsch mer amol", quetscht der Badener aus halbgeöffnetem Mund, wo der Bayer eine Kaskade von Vokalen purzeln lässt „Kanntast ma amoi". Doch wenn ich Freunde und Verwandte in München besuchte, merkte ich manchmal selbst, dass sich ein „sch" am Wortende einschlich, „Was willsch?", „Hasch des?"

Inzwischen jedoch setzte sich bei Ausflügen in die Pfalz die Erkenntnis durch, dass es noch viel schlimmer hätte kommen können.

Jacqueline Lamm

# Angekommen

Ich bin hier,
starte mein neues Leben.
Altlasten hinter mir:
Zukunftsorientiert.

Einsam bin ich nicht,
zu verlieren gab es nichts mehr.
Habe dazugewonnen:
Neue Lebensqualität.

Ohne Angst öffne ich die Tür,
ich höre Vögel singen.
Ich hole tief Luft:
Innerer Frieden.

Tränen rennen mir über s Gesicht,
und doch muss ich lächeln.
Gott schütze die Fliehenden:
Ich bin schon angekommen.

*(Für einen Freund, der es geschafft hat ...)*

Fotografie: Christiane Klante

Heaven Tuquabo (10 Jahre) und Christiane Klante

# Karlsruhe ... (k)eine fremde Stadt

Beim Auffinden der richtigen Worte versuchen wir,
unser Bestes zu geben,
um die spannende, aber auch leidvolle Geschichte
meiner Familie zu erzählen,
von Flucht und Vertreibung,
aber auch vom Angekommensein im Leben,
wenn der Weg auch steinig war und
wir nicht nur das Schöne auswählen.

Meine familiären Wurzeln liegen ganz weit weg von hier,
auf afrikanischer Erde,
meine Eltern mussten bereits als Teenager
aus ihrer Heimat in Eritrea flüchten,
die Großeltern waren politisch aktiv
gegen das Regime mit mancher Beschwerde,
und die Kinder hörten heimlich „Feind-Radio",
trotz allen Gerüchten.

Aber von einem Tag auf den anderen riss
ganz unerwartet jedes familiäre Band,
noch in ihrer Schuluniform begann für meine Mutter
die abenteuerliche Reise,
über den Sudan ging die Flucht weiter
in ein für sie völlig fremdes Land,
ohne zu wissen, was sie dort erwarten würde,
kam sie an auf diese Weise.

Mit 15 Jahren hatte mein Papa sogar einige Zeit
im Gefängnis abzusitzen,
Gott sei Dank konnte mein Großvater ihn für viel Geld
von dort dann freikaufen,
doch trotz aller Gegenwehr sollte sich die politische Situation
immer mehr zuspitzen,
so dass auch mein Papa fliehen musste,
um der Freiheit entgegen zu laufen.

Bei seiner Flucht war er erst 17 Jahre alt,
ohne Zuhause oder Anziehsachen,
zur Heimat in Eritrea durfte aus Sicherheitsgründen
kein Kontakt mehr bestehen,

Deutsch zu lernen und sich hier einzuleben,
war alles andere als zum Lachen,
und die bange Frage,
würde er seine Familie und Freunde jemals wieder sehen?

Doch das Lebensschicksal hinterlässt manchmal
völlig ungeahnte Spuren,
von Mund zu Mund verständigten sich
die Flüchtlinge über ihre Aufenthaltsorte,
und so lernten sich meine Eltern kennen,
als sie zur Hochzeit von Freunden fuhren,
so wurde aus den beiden
ein glückliches Paar,
was bedarf es hier noch vieler Worte.

Meine Mama hat nach einem Sprachkurs
ihren Abschluss zur Einzelhandelskauffrau absolviert,
und seit dem Jahre 1997 hat meine Familie
Karlsruhe als zweite Heimat auserkoren,
nach Papas Ausbildung zum Fernsehtechniker
hat er danach noch weiter studiert,
und später wurden meine Schwester Josan
und ich als zwei Wunschkinder geboren.

Seit der Befreiung Eritreas sind mittlerweile
einige Jahre ins Land gezogen,
meine Oma ist bis heute in Eritrea geblieben;
der Weg zu ihren Lieben ist weit,
daher sind wir immer wieder einmal zu Besuch dorthin geflogen,
Omas Herz hängt an Eritrea
und dennoch leidet sie auch unter ihrer Einsamkeit.

Meine Eltern und ich haben hier in Karlsruhe
unsere zweite Heimat gefunden,
hier fühle ich mich zu Hause und von
den Menschen freundlich aufgenommen,
verbringe mit Christiane,
meiner Kulturlotsin im Badischen Staatstheater schöne Stunden,
und habe durch sie den Zugang zum
tollen Karlsruher Kulturleben bekommen.

Banu Beyer

# Der Kreis

Deine Geliebte schenkt dir eine Pyramide aus rotem Plastik. Die Geometrie eurer Liebe tut mir weh. Ich nehme sie dir weg und stelle sie mitten auf den Marktplatz. An der kleinen roten Pyramide treffen wir uns, du und ich, am späten Nachmittag. Dort, wo die Schienen uns abholen und hinbringen, herrscht schon lange keine Ruhe mehr.

Mit dem Rücken zum Schloss stehst du an der Ecke der Untreue. Du wirst sie nicht verlassen, jetzt nicht, morgen nicht. Ich hadere.

Es ist schwierig, trüben Gedanken zu folgen, während über dem Marktplatz die Mittagssonne scheint. Die Strahlen schieben uns langsam Richtung Süden. Näher am Werderplatz wirkt deine Untreue fast leidenschaftlich. Du lädst mich ein, deine Geliebte mit dir zu lieben. Gibst mir ein Glas voll klaren Wassers zu trinken, perfekt gekühlt. Dort am Brunnen sehe ich ein Paar betrunkener Männer, die lieber billiges Bier bevorzugen, laut aber energielos drauflosreden, wie übermüdete Kinder. Du möchtest, dass ich mich gerade hier zu Hause fühle, in der Unzulänglichkeit des Fremdartigen.

Ich wurde an einem ganz anderen Ort geboren, an einem Ort, den ich verloren habe, vor langer Zeit. Ich war nicht mehr dort, ich atmete die kratzige Luft nicht mehr ein, ich habe dort nicht gegessen, ich wurde dort nicht mehr geliebt und geküsst. Der Ort hat mich vergessen, ich aber ihn nicht. Du weißt das.

Du erkennst es, weil du selbst Angst hast, dass dein Ort dich vergisst, wenn du mit mir kommst. Dein Ort, deine Geliebte.

Am Bahnhof angekommen, um dich und deine geliebte Stadt zu verlassen, frage ich mich, ob ich bereit bin für meine verspätete Rückreise ohne dich. Mit dem Rücken zum Stadtgarten stehe ich auf dem Kreis unserer Zerrissenheit und der Vorfreude auf meine Reise. Ich möchte eigentlich immer überall sein können.

Du gibst mir die Plastikpyramide und sagst, ich solle euch nicht vergessen. Lächelnd steige ich in meinen Zug ein, mit der Pyramide in der Jackentasche.

Cansin Gölcük

# Unendliche Reise

Ich, die als Überraschung auf die Welt Kommende,
Ich, die an die Bedeutung jeden Lebewesens Glaubende
und so Lebensenergie Tragende,
Ich, die damals in der Schule gute Erfolge Zeigende, alle Begeisternde,
Ich, die während Stromausfalls beim Licht der Gaslampe Lernende,
Ich, die ihr Land Wechselnde, die ihr Umfeld hinter sich Lassende,
Ich, die in einem neuen Land, in einer neuen Familie,
in einem neuen Heim sich selbst fremd Werdende,
Ich, die in ihrem Leben jederzeit völlige Veränderungen Erlebende

Und
Jedes Mal trotz allem mit übernatürlicher Anstrengung
ein Lächeln Zeigende,
Ich, die in ihren Träumen frühere Erfolge wieder zum Leben Erweckende,
Ich, die sich immer noch dem Leben Anpassende,
Ich, die in den letzten Jahren die Wirklichkeit des Lebens
noch mehr Erkennende

Und
Ich, die Misserfolge nach Misserfolgen Erlebende,
Ich, die sich immer wieder selbst eine Motivation Schaffende,
Ich, die von Zeit zu Zeit Schluchzende,
Ich, die sich aus Liebe versehentlich von ihren Idealen Entfernende,
Ich, die aber öfter neue Entscheidungen Treffende
und Ich, die sich ständig durch neue Erkenntnisse Verändernde,
Ich, die in ihrer neuen Welt schon Ankommende

Und
Ich, die das Alte in sehr alter Zeit Zurücklassende...
Ist dieses Ich wirklich schon angekommen?

Ich, weder das alte ICH noch das neue ICH.
Ich, die mit dem Wunsch, bestimmte Orte zu erreichen
und segensreich zu wirken,
Ich, die mit der Hoffnung, auf ihre Umgebung Lichtstrahlen zu werfen,
Ich, die nur Funken sprüht beim Versuch,
diese Funken in Feuer zu verwandeln,
Ich, die wie Sterne am Himmel blinzelnd, im Gegensatz zu den Sternen
sich der Erde annähert,
WEISS,
dass ihr Licht nicht weniger sein wird
und dass ihre Reise nicht enden wird.

Fotografie: Johanna Gemenetzi

Lutz Brien

# Holprige Fahrt

Karlsruhe winkt mir zu: Museen, das Schloss, Kinos, die Kaiserstraße, – gerne wäre ich öfter dort, inklusive der vielen Baustellen im Stadtgebiet mit ihren pockennarbigen Mondlandschaften. Doch der Fächerstadt bleibe ich ein nur gelegentlicher Tourist, seit Kurzem in ihrer Nähe lebend und noch im Ankommen begriffen. Ich genieße die verführerische Mischung aus Kommerz und Kultur, mit der mich der urbane Raum anlockt – für Streifzüge, die größtenteils am Wochenende stattfinden. Ankommen gelingt mir anders, nämlich durch genügend gute Kontakte, die meinen Alltag würzen. Erst wenn der Fremde den Blick hebt, lächelt, in Beziehung mit mir tritt, wird mir die Fremde vertrauter. Der Schleier aber, der die anfängliche Begegnung gnädig verschönert, birgt Ecken und Kanten einer unbequemen Realität. Ein neuer Kollege, zunächst sympathisch wirkend, setzt rücksichtslos seine Interessen durch. Eine nette Nachbarin hört nicht auf, vor allem und allein von sich zu erzählen. Auf den euphorischen Anfang folgen schmerzhafte, mehr oder weniger absehbare Enttäuschungen. So gleicht mein Ankommen der Fahrt mit einer holprigen Bahn, die auch blaue Flecken und Abschürfungen hinterlässt. Vertrauen, merke ich, braucht Zeit um zu wachsen. Und Ankommen heißt für mich vor allem: Vertrauen lernen in die Menschen, denen ich begegne. Mit vielen tausche ich allenfalls den täglichen Gruß. Nur mit wenigen pflege ich näheren Umgang; dass ich mich in der Fremde wohl fühle, verdanke ich diesen zu einem guten Teil. Sie sind mein Schlüssel zu einem Ankommen, das auf Umwegen, gegen Widerstände und begünstigt durch Nähe reift.

Susanne Berger

# Abbelbutze

Wie viel Heimat steckt in einem angeknabberten Apfel?

Der nahe Stadtwald lockte sie als Kind oft aus dem Haus hinaus. Selbst wenn der Schlaf die Augen noch verklebte, dämmrig und feucht der Garten kaum einlud, schlüpfte sie in die Kleider, um wenig später allein im Wald zu verschwinden. Das Handeln und Denken der Eltern prägten auch die Welt des Kindes. Welche Bruchteile das waren, das weiß sie, zur Frau heran gewachsen, immer noch nicht vollständig. Da wurde sie von der Mutter etwa am Schlafittchen gepackt oder der Vater lehrte sie die Sehnsucht nach unendlicher Weite.

Das typisch Badische nun erkennt die Niedersächsin nur in kleinen Bruchfetzen wie Abbelbutze, erklärt von ihren Kindern, die hier geboren wurden und die die Welt hören, wie fast jeder andere Mensch auch. Wie nennt sie den angeknabberten Rest eines Apfels? Strunk! Ihr Mann dagegen sagt Griebsch dazu. Apfelnüsen heißt er nah um ihren Heimatort herum, gelungen auch der Appelbolle, doch beides hörte sie nie. Apfelgnatsch hätte sie noch lernen können, wäre sie nicht bereits im Norden ein Schlappohr aus dem hochdeutschen Raum gewesen. Das moin, moin blieb aus dieser zweiten Heimat erhalten zudem noch die unendliche Weite und Freunde. Seit fünfzehn Jahren lebt sie jetzt in Baden-Württemberg und weiß seit einer knappen Woche erst, dass ihr Strunk auch Abbelbutze genannt werden kann. Vieles ist vertraut geworden, außer der hiesigen Mundart, denn diese müsste sie hören können. Liebe Menschen, Tiere, diese ursprüngliche Natur in der Nähe, dies alles vermittelt ihr so sehr das Gefühl von Heimat, dass sie durchaus länger hier bleiben möchte. Mit den zweiten und dritten Ohren wird sie bestimmt noch ein paar weitere badische Worte hören lernen.

Erika Sonnenburg

# Heimweh

Erst mussten wir unser Haus verlassen,
dann wollten wir keins mehr.
Ein Haus ist zu erdgebunden,
wir wollten beweglich sein.

So zogen wir von Ost nach West,
und von Nord nach Süd.
Heimat war überall und nirgendwo.

Von *uns* bin jetzt nur noch *ich* da.

Wohne hier in der Fächerstadt,
der Schlosspark verspricht stets
schöne Spaziergänge
und der Marktplatz geranienrotes Leben.

Ich bin zuhause.

Coline Weber

# Sprache der Musik

Die Tür fällt hinter mir zu. Geschafft. Ich will lächeln, doch alles dreht sich, in mir ist so ein ohnmächtiges Gefühl. Wo Freude war, sind Schatten aufgezogen, Wolken, die nur Blitze und Donner bringen. Möchte schreien, erstarren, das Herz aus mir reißen, während ich meine sensiblen Empfindungen verdamme...

Und dann höre ich deine Klänge, die mich in einen wahnsinnig intensiven Bann reißen. Deine Hände fließen über die Tasten, während Ton für Ton mein Innerstes erreicht. Ich setze mich, gehe in mich und lasse mich füllen. Meine Gedanken, meine Seele, alles wird weit, Schmerz fließt aus mir. Ein Moment des Abgebens, des Leer-werdens. Während diese Schönheit mein Herz erfüllt, kann ich entspannen. Ich versinke in ein tiefes, stummes Gebet. Das Gefühl, welches sanft aus meiner Seele strömt, ist überwältigend. Reiner als das im Morgengrauen geborene Licht, als der Regenbogen, der Farben schenkt.

Und ich habe dieses Bild vor Augen, wie ich mein Gesicht der Brandung, den sich brechenden Wellen zuwende, während ein von Schmerz getriebener Schrei meine Kehle verlässt. Und eine Sekunde später fühle ich Erleichterung und das Meer tobt weiter. Und doch ist es nur in meinem Kopf, jetzt ein Schauspiel – ich bin mittendrin und doch außen vor. Ich kann dieses atemberaubende Spiel des Meeres mit dem unendlich weiten Horizont genießen, so als wäre es der letzte Tanz jener beiden Naturfaszinationen. Dieser Augenblick des Hörens ist wie die Hand eines Engels, der meiner aufgewühlten Seele Frieden schenkt.

Und während ich mich diesem Eins-sein hingebe, verklingen langsam die letzten Worte des Klaviers. Ich öffne die Augen, erhebe mich und die Dankbarkeit hat meine Wunde sanft zugedeckt. Sie ist das Pflaster für eine verletzte Seele und der Keim für Hoffnung.

Julia Stübe

# Immer rastlos

Angefangen –
Hier zu sein
Zu sehen
Neue Gedanken

Knirschendes Willkommen
Im Sonnenschein
Neue Schatten
An neuen Wänden
Wie beginnen?

Gesehen werden –
Lächeln verschleiert Einsamkeit
Und trotzdem
Wo
Ist mein Platz?

Auf Zehenspitzen
Im Leben stehen
Niemand
Kennt mich
Wer bin ich?

Nicht fragen –
Neues Gesicht im Spiegel
Welt anders
Bestimmt morgen alles
Beim Alten

Besser allein
Oder?
Lüge
Immer rastlos:
Wer sieht mich?

Agnes Jaun

# Ein Ankunftstraum

Ein Sonnenstrahl fällt durch das hohe Fenster und landet an der Wand mir gegenüber. Die weiße Farbe unter den leeren Kleiderhaken ist ein wenig ergraut. Wie viele Menschen haben wohl hier ihre Mäntel, Regenjacken, Schals und Einkaufstaschen aufgehängt? Bestimmt unzählige.

Auch ich war schon ein paar Mal hier. Immer dann, wenn mir in der guten Landluft das Atmen schwer gefallen war. So wie heute.

Draußen quietschen die Bremsen der Straßenbahn, ein Vogel zwitschert ungestört in der Baumkrone und ich warte.

Wieso willst du nur bei dem herrlichen Freibadwetter, am einzig sonnigen Tag in der Woche, nach Karlsruhe?

Ich will. Ich muss sogar. Weil mir da draußen das Atmen wieder schwer fällt. Zwischen all den wolligen Schäfchen, den bunten Wiesenblumen und den aus Postkarten entsprungenen Fachwerkhäusern.

Irgendwie gehöre ich nicht ganz dorthin, aber auch nicht richtig hierher. Ich komme nicht aus Karlsruhe, ich lebe nicht mehr in Baden-Württemberg und ich bin nicht mal in Deutschland geboren. Meine alte Heimat liegt zweitausend Kilometer weiter nördlich und die neue auf der anderen Seite des Rheins.

Aber hier, in diesem Raum, habe ich vor fünfzehn Jahren die Deutschprüfung abgelegt. Mit zitternden Knien und leerem Magen. Danach haben wir im Wienerwald Hühnchen gegessen. Das Hühnchen und die Freunde von damals sind fort, aber die Sprache ist geblieben. Sie ist die meine geworden.

Ich fühle mich gut in diesem Gebäude. Ich gehöre doch hierher und komme gerne wieder. Wenn auch immer nur für ein paar Stunden.

Es bedeutet mir viel.

Hipe Tarvel-Hartwig

## anGEkommen

Du bist zu deutsch! –
Bin gern so deutsch!
Ich spreche Deutsch
und denke deutsch,
ich träume Deutsch
und lebe deutsch.

Da sehe ich wieder meine Welt,
die jung gebliebene und alt.
Ich mag das Meer und Schnee und Wald,
hoffe noch immer, wir sehen uns bald.
Bin so traurig, froh zugleich,
Erinnerung macht ruhig, reich.

Du sprichst nicht meine Muttersprache,
doch sprichst du aber meine Sprache.
Ich liebe meine zweite Heimat,
die Freunde und Zuhause hat.
Glück in Gedanken, Alltag bloß,
so groß und nah, so grenzenlos.

Fotografie: Klaus Gremmels

Maximiliane Feuerriegel

# Stadt der Pharaonen

*„Heimat ist dort, wo dich deine Muse küsst." (Annabell-Eva Arndt)*

Eine Fremde unter gelb-rotem Himmel. Straßenbahn fahren: anfahren, bremsen, rumsen, stopp. Ich mag den Rhythmus. Zwei alte Damen mit Silberlöckchen steigen in der Augartenstraße zu, platzieren sich mir gegenüber und unterhalten sich in einem anderen Dialekt. Es duftet nach Pappbecherkaffee, Wurstbrötchen und Abenteuer. Die Scheibe beschlägt an diesem Nachmittag im hagebuttengewordenen Sommer. Nein, nicht wahr! Oder doch? Ein echter Obelisk aus Buntsandstein. Aber nicht genug: Eine Pyramide rückt in meinen Blick. Ich wische die Scheibe mit dem Ärmel frei. Eine Miniatur, wundervoll. Ab Montag studiere ich in der Stadt der Pharaonen! Glück durchströmt mich.

„Die Fahrausweise bitte." Eine Stimme schneidet sich in meine Gedanken. Das ist kein Pharao. Mein Herz klopft wie ein Rotationshammer. Mir wird heißkalt. Die Damen haben ihre Graulockenköpfe zusammengesteckt. „Des isch doch a echte Lumbegrott," sagt die eine. Der Kontrolleur zückt einen Block, um seine Mundwinkel zuckt es. „Fange am Montag mit dem Studium an." „Fräulein, Studieren schützt vor Strafe nicht. Das macht ein erhöhtes Beförderungsgeld von 40 DM, ihre Personalien?" Die andere Dame schaltet sich auf Hochdeutsch ein. „Gnade vor Recht, das arme Studentenmädel, Sie Unmensch!" „Ala gut, weil es das erste Mal ist, aber nächstes Mal sind Sie dran!" „Danke", murmele ich leichenblass und schüttele den Beiden die Hand. „Sie haben mich gerettet!"

Der Kreis schließt sich, und ich schließe meine Augen. Es träumt in mir. „Einem urschwäbischen Mädel im Zentrum der Welt", so steht es im Karlsruhebuch, das mir später mein Chef zum Antritt geschenkt hat.

Mittlerweile ist Karlsruhe meine Muse. Aber, was eine Lumbegrott ist, das weiß ich bis heute nicht.

Norbert Willimsky

# an kommen

auf bruch gestimmt
wie eine lampe fiebern
dem tag im all eine nase ziehen
ur laub in die koffer packen
zeuge eines flugs werden
land unter und mehr sehen
ein an reisen und kommen

Thomas Gruber

# Wie versteinert

„Ich glaube wir müssen uns leider von Ihnen trennen!" Mit dem vernichtenden Blick der Inquisition sah mich Ewald Zwiekopf, mein Chef, über seinen hellgrauen Schreibtisch hinweg an. Er trug ein weißes Hemd, darüber ein sportliches blaues Sakko. Seine runde Nickelbrille gab seinem Gesicht Schläue, während er nun versuchte mich warmherzig anzusehen. Wir saßen uns gegenüber: er hinter seinem Arbeitsplatz, fast etwas zu leger auf einem Drehstuhl; ich auf dem kargen, metallenen Besucherstuhl. Wie bei einem Erdbeben geriet nach und nach alles ins Wanken. Ich klammerte mich fest und fragte zaghaft, warum ich den Job verloren hätte. Seine Antwort hörte ich nicht mehr. Wie hatte ich nur glauben können, hier in dieser Firma eine Zukunft zu haben. Ich war aus einer sicheren Position gewechselt, angekommen aber war ich hier nie. Die Kollegen waren mir fremd geblieben. Zwiekopfs freundlicher Händedruck zum Willkommen war immer etwas Flüchtiges geblieben. Ich schaute durchs Fenster auf die vielbefahrene Querstraße, die, von den schon früh blätterlosen Kastanien umrahmt, reinen November verkörperte. Die feuchte Kühle draußen konnte meinem Kopf jetzt eine klare Richtung geben. Aber hier im Zimmer roch es nach nichts, wie in einem klimatisierten Großraumwagon der Bahn. Ich hörte undeutliche Gesprächsfetzen vom Kopierer im Flur. Zwiekopf stand auf und öffnete das Fenster. Fast waagerecht kam mildes, milchiges Sonnenlicht herein, eingepackt in polarblaue Luft. Ich konnte nichts dagegen tun. Meine Zehen, Füße und Beine, meine Finger, Hände und Arme, mein ganzer Körper wurde innerhalb weniger Minuten zu Stein.

Als graue Granitskulptur stellte man mich im selben Jahr, 1996, im Foyer auf und dort bin ich noch heute. Die Firma und Ewald Zwiekopf hingegen gibt es hier mittlerweile nicht mehr.

Fotografie: Joan Weng

Joan Weng

# Abfahrt. Ankunft

Hässlich hier:
Beton und Schmutz und Grau.

Wart oben bei der Rolltreppe :-*

Zuckerwattehaar am Stuttgarter Tiefbahnhof.
Zu Hause ist, wo du bist.
Schön bei dir.

Ibrahim Demir

# Pegasus

An einem kalten Tag, an dem es wie verrückt schneit, stehe ich vor einer großen, schrottreifen Maschine namens Pegasus, die ich in meinem Leben noch nie von Nahem gesehen habe. Ich blicke ihre Tragflächen von unten bis oben an, die Nase: ein faszinierendes Pferd mit Flügeln. In diesem Moment habe ich das Gefühl, mich mit ihm befreundet zu haben. Der einzige Freund, der mich bis Deutschland begleiten wird und der dann ohne mich zurückkehrt. Er weint sogar beim Abschied, als ob er mir mit seinem gesenkten Blick sagen will, dass ich bleiben muss.

Ich frage mich, kurz bevor wir losfliegen, nur zwei Fragen: „Wohin fliege ich überhaupt?" und, „Was kommt jetzt auf mich zu?"

Während ich mit gesenktem Kopf durch die Luke schaue, sehe ich die glänzenden Lichter von Adana unter mir, das schnelle Tempo des Herzens beruhigt sich und tief in Gedanken bin ich wieder bei meinem kleinen Bruder, den ich in der Heimat zurück gelassen habe. Wie er sich, bevor ich nach Adana fuhr, an die Wand gesetzt, den Kopf in seinen Schoß gelegt hatte und wie dann aus seinen Fenstern die Flüsse flossen, als würden sie durch eine wilde Landschaft rauschen, um nirgends enden zu wollen.

Nun habe ich meine Familie verlassen, meine Freunde, all die Orte und Erlebnisse meiner Kindheit, die Tanne vor unserem Wohnzimmerfenster, die ich im Winter oft stundenlang beobachtete. Gleich strecke ich meinen Kopf durch die Tür der Maschine hinaus und habe Angst, ein paar Schritte zu machen.

Ich sah keinen Mond, der wie früher lächelte und tanzte.

Draußen schneite es, wie gesagt, und der Wind traf meinen Körper, so dass meine Füße zitterten. Ich wusste nicht, ob dieses Zittern von der Kälte her kam oder der Angst vor einem neuen Lebensabschnitt. Wissen Sie, was ich meinen Vater, der schon hinter den geschlossenen Gläsern auf mich wartete, als erstes fragte? Angekommen, ob ich jetzt angekommen wäre? Ob ich in diesem Land, das wie ein Mond, der die schwarzen dicken Wolken vertreibt, um uns Menschen seine schönen Lichter direkt auf die Stelle des Herzens zu schicken, richtig angekommen sei?

Ich fand in diesem Land verschiedene Farben, verschiedene Töne und das schönste Herz der Welt. Man hat auch schwierige Phasen gehabt, war verletzt und hinkte durch eine lange Straße, in der man beobachtet wurde, als ob dort ein Hollywood-Film gedreht würde.

Früher, als mein Opa noch lebte, sagte er mal zu mir: „Wenn du einen Ort verlässt und ihn ganz arg vermisst, dann ist er deine Heimat." Genau so vermisse ich Deutschland, wenn ich im Urlaub bin, denn ich habe in diesem Land meine Karriere begonnen, neue Freundschaften aufgebaut und die wunderschönste Rose der Welt an einem warmen Tag in meine Hände genommen. Die Rose, die nur bei mir für immer leben kann und nur bei mir nie den Kopf senken wird.

Und heute sage ich meinem Vater, dass ich mich hier sehr wohl fühle. Wissen Sie warum?

Ich bin jetzt in Deutschland angekommen.

Cornelia Immesberger

# Ankommen – ohne nach dem Weg zu fragen

Zur Abfahrt bereit?
Zurücklassen sollen
Ohne richtig zu wollen
Sprache überwinden
Neue Freunde finden
Einsame Pfade gehen
Anmutige Orte sehen
das Kommen beenden.

Fortbewegen sollen?
Ohne klar zu wollen
Vielfach überwinden
Wegbegleiter finden
Einsame Pfade gehen
Anmutige Orte sehen
Fern und nah daheim
Angekommen sein!

Carmen Carmona

# Die Luftblase verlassen

Ankommen ist ja meist mit einem Ort verbunden. Aber ich habe hinter diesem Begriff noch etwas anderes entdeckt: Die Orte, an denen man ankommt, heißen nicht nur Kolumbien, Karlsruhe oder Planet Erde, sondern auch Liebe, Reife oder Enttäuschung.

Am 9. Dezember 2009 bin ich mit meiner Tochter und sechs Koffern am Frankfurter Flughafen angekommen. Das war das Ende eines langen Weges voller Vorbereitungen, Bürokratie, Entscheidungen, Verabschiedungen und der Beginn eines neuen Lebensabschnitts.

Dauernd kommt man zwar irgendwo an, aber selten ist man angekommen, weil dieser Prozess sehr schwer zu meistern ist. Anzukommen kann das ganze Leben lang dauern.

Mein persönliches Ankommen in Deutschland besteht aus den Komponenten: sich auf einen neuen Ort, auf eine andere Art von Leben einzulassen und die Geduld, um hier wieder ganz zu werden. Es fällt mir sehr schwer zu glauben, dass irgendjemand vorab auf solch große Veränderungen vorbereitet ist. Man ist einfach naiv.

Heute, 34 Monate danach, kann ich sagen, dass ich immer noch nicht angekommen bin. Ich habe viel gelernt, unter anderem, dass Vieles mir fehlt.

Alles beginnt wie das Leben in einer Luftblase, in der man sich sicher fühlt. Am Anfang erlaubt man sich Dinge, die im alten, normalen Leben undenkbar gewesen wären. Es ist, als ob zwei verschiedene Personen in einem Körper zusammen lebten; die Person, die ich vorher war und die Person, die hier wohnt. Viele versteckte Facetten zeigen sich, andere ruhen.

Nach dem ersten, aufregenden Zustand kam für mich die Einsicht: Mir ist jetzt bewusst, dass mein heutiger Ort des Ankommens ein Leben ist, in dem ich das alte und neue Ich zusammenbringen muss. Indem ich als Erwachsene neu lerne, wie man lebt, wie man ein Leben gestaltet.

Indem ich meine Luftblase verlasse.

Mehrnousch Zaeri-Esfahani

# Und der Kreis schließt sich

Flüchtling!
flüchtig
fluchtig
FLUCHT!
Fracht
Frucht
Furcht
lurcht
Licht! Aussteigen!
List
Polizist! Hilf mir! Bitte!
lizist
Frist
Fraß
Frag
Antrag
Anfrag
Frag
und Antwort
Lug
und Trug
Trug
und Trick
Trick
und Blick
Blick
und fatal
legal
illegal
Tribunal. Abgelehnt!
Flüchtling!

Ulrich Stolte

# Spurensuche

Das also ist Duisburg-Hamborn, die Stadt meiner Väter. Wenn du über die Hafenbrücke fährst, siehst du zuerst die Thyssenhütte links vor dir liegen. Ein Gewirr aus Kesseln und Gebäuden in verschiedenen Stadien der Verrottung, als hätte jemand gigantische Eisentrümmer ans Rheinufer erbrochen. Hier also ist er aufgewachsen im Hamborner Stadtviertel Marxloh. Jetzt fest in türkischer Hand. Die Wohnung meines Vaters war in der Katharinenstraße, dort ist eine Wendeplatte, auf der nur noch Müll liegt. Ein Haus steht leer, eines ist halb abgerissen, im Garten hantieren zwei Jungens mit dem Schubkarren. Ein Türke geht einsam im langen schwarzen Mantel vorbei. Er hat diese kurze zylindrische Mütze auf mit Bommel.

Vastehse, hatte der Vater immer gesagt, und wat und dat. Wir Kinder lachten. Als er mir zeigte, wie man einen Nagel rauszieht, sagte er, dat is 'ne Knipptang, aha, Beißzange.

Mit der Mutter in die Bibelstunde, mit dem Vater aufs Volksfest. Na, kannße den schon halten? Der Maßkrug schwankte bedenklich in meiner Hand.

Im Familienalbum kleben wir alle einträchtig beieinander. Strammstehen für das Familienbild. Die Schwestern der Mutter in den züchtigen Kleidchen, die Großmutter aus alten Bettbezügen genäht hatte. Wie Orgelpfeifen stehen sie vor der Kamera. Beim Familientreff vom Vater sieht man drei Reihen Bierflaschen und dahinter glasige Augen. Wenn sie genug intus hatten, sprachen sie alle Platt und ich verstand kein Wort mehr.

Wie überaus langweilig ein Kind zweier Welten zu sein, aber spätestens dann ist es nicht mehr von Belang, wenn du die dritte schaffst, deine eigene.

Ich will mit jemandem reden. Ich schenke einem der Jungs zwei Euro. Er soll mal an mich denken, wenn er irgendwann seine Verwandten in der Türkei sucht, die er nie gesehen hat und dieselbe Reise antreten wird, die ich in diesen Tagen hinter mir habe.

Frank Wallner

# Unruhe

Einst wünscht' ich mir
für mich und meinen Schatz
für meine Feder und mein Schreibpapier
zum Leben einen Platz.

Drum zog ich eines Tages los
mit unendlichen Ideen und der Eisenbahn
auf dem Rücken einen Rucksack bloß
und der Hoffnung, irgendwann komme ich an.

Der Zug fuhr östlich nach Berlin.
Dort hab' ich heute noch einen Koffer steh'n.
Das war vor fünfundzwanzig Jahren.
Dann fiel die Mauer und ich bin weitergefahren.

Ich fuhr nach Hamburg, Köln und Wien
auch nach Hannover und ins Frankenland.
Doch jedes Mal musste ich weiterziehen.
Heute bin ich sogar mit einem Lokführer verwandt.

Doch eines Frühlingstagesabend, es war so gegen sieben,
da schenkte mir die Liebste mein,
ich war noch immer voller Unruhe getrieben,
eine Flasche badischen Wein.

Den tranken wir aus
und kauften uns am Tag darauf
wieder in dem gleichen Laden
noch einen von dem köstlichen Roten aus Baden.

Einst wünscht' ich mir einen Platz zum Leben.
Heute sitze ich hier inmitten der Reben
und abends gehe ich ohne Stress
zum Schreibkurs in die vhs.

Judith Kalex

# Rote Verführung

Ja, sie machte Steven an. Wie der Blitz traf sie ihn, als er den Seminarraum seines Sprachkurses verließ. Steven blieb nichts anderes übrig, als stehen zu bleiben und zu verstummen. Wieder und wieder wanderte sein Blick zu diesem hinreißenden Bild, das sich ihm darbot: reizvoll, sinnlich, leidenschaftlich rot! Eine Einladung, die passte.

Man könnte ankommen und es sich wohlig machen in diesen himbeerroten, weichen Rundungen mit einem Glas Wein in der Hand und redselig werden. Ein wenig Musik auflegen und mit streichelnden, sanften Berührungen über die glatte Haut nach mehr verlangen. Zuvor in einem Gespräch verweilen, einem roten Gespräch, über Liebeleien. Den ersten Kuss erinnern. Nicht diesen nass schmatzenden, von der Schulfreundin Maja. Nein, jenen von Angelika, der Assistentin seines Pädagogikprofessors. Sie küsste ihn damals mit zärtlichen, hauchenden, ja, knabbernden Berührungen, was brennende Sehnsucht nach viel mehr in ihm entfachte.

Steven fühlte, sah, roch nur noch rot. Wie jetzt. Ein süßlicher, erregender Moschusduft hing in der Luft. Es drängte ihn, die rote Einladung anzunehmen: sitzend und liegend. Ja, er wollte bei ihr ankommen. Doch die Realität holte ihn zurück. Reges Treiben um ihn herum. Menschen kommen und gehen.

Steven fasste einen makabren Entschluss. Heute Abend, wenn Ruhe eingekehrt war, würde er versuchen, diese rote Verführung zu entführen: die rote Couch aus dem Wartebereich der vhs Karlsruhe, Kaiserallee 12, zweiter Stock.

Laurie Rosenthal

# Angekommen?! Have you arrived?!

I   Angekommen?! Statistically, yes. Seit dreizehn Jahren.

II  What binds us is that we were colleagues. Two languages, two cultures moment by moment bridged in caring for small children. In our play, we learn, laugh, make music and make Love. In certain moments, this is what I know of Happiness.

III Walk to a corner of my street and shout HELLO to the Schneider from Azerbaijan. He shouts HELLO back!

Turn the corner and visit with a Japanese woman selling her ceramics at Gutenberplatz (Thursdays only) and benefit from her strength as a person and from her delicate artistry.

Stop at my favorite shop in town (Lapis Lazuli) where the owner (Belgian and South African) sells precious stones.

Walk into the health food store in town (Fuellhorn) and get tips on vegetarian cuisine from a new employee from Honduras.

IV  Who among the Einheimisch will take pause and reflect on this question publicly? Petra, from Mannheim, feels homesick. Conny now residing in Pforzheim, is no longer at home in KA, where she lived for many years. The fish market woman tells me emphatically that she is not from the Pfalz; she speaks Badisch.

Seid Ihr angekommen? How can we arrive in a place without referring to where we have been?

V   There is a big wound in Karlsruhe, the earth torn up all over the city to accommodate an underground train and more commerce than the small city can handle. The traffic is killing people. A streetcar nearly killed me. People say I was lucky. If you ask me, injuries don't feel like luck.

VI  I carry my home inside me. I haven't been back home to Chicago to visit friends or family for several years. I live in KA. Auf zwei Beine. To the best of my ability.

I am looking forward to what comes next.

Vanessa Steurer

# Kindheit: Geschafft!

Ich bin stolze Abiturientin des Doppeljahrgangs dieses Jahres.
Endlich angekommen am Ziel, auf das man in 12 Jahren Schulstress
hin gebüffelt hat.

>Und jetzt?

Ein neuer Lebensabschnitt beginnt.
Hochschule, Ausbildung und Karriere heißen nun die neuen Etappen
meines Lebens. Fort von der staatlich angelegten Treppe zum Abschluss,
weg von der fürsorglich geleiteten Kindheit in der Obhut der Eltern.

>Angekommen?!

Für mich herrscht im Moment eher ein riesiges Durcheinander.
Jetzt heißt es erst mal: Geld verdienen. Doch der Arbeitsalltag –
für Erwachsene so normal – überwältigt mich ebenfalls mit unzählig
neuen Eindrücken: Fremde Menschen in einem unbekannten Umfeld,
schleierhafte Arbeitsverträge und fragwürdige Versicherungen.

>Die komplette Welt erscheint mir neu und fremd.

Meine langjährigen Schulfreunde zerstreuen sich in alle Richtungen:
Ob Weltreise, Auslandsjahr oder Studium in einer fernen Stadt. Meine
gewohnte Umgebung verschwindet.
Und mitten drin bin ich mit meinem mir mühevoll angeeignetem
Wissen über mathematische Gleichungen, das Leben Kafkas und der
chemischen Zusammensetzung der Sonne. Doch irgendwie scheint mir
das in meiner derzeitigen Situation nicht zu helfen.

>Gibt es hier denn keinen Fremdenführer,
>der mich behutsam in meine Zukunft leiten kann?

Mir fehlt meine alte Welt, die sich in meinen Erinnerungen als glitzernde Seifenblase manifestiert. Eine Welt, die ich meinen Kindern später sicherlich als sorgenfrei, schön und unbeschwert darstellen werde. So, wie meine Eltern es meist mir gegenüber taten, wenn ich mal wieder über zu viele Hausaufgaben jammerte. Angekommen bin ich also nicht, aber ich komme dem wahren Leben einen großen Schritt näher.

>Mal sehen, welche Abenteuer jetzt auf mich warten!

## Nächstes Ziel: Erwachsen werden.

Gudrun Moritz

# Not im Unterricht

A m Anfang waren es
N ur wenige,
G anz wenige
E inzelne
K inder aus türkischen Familien
O hne Sprachkenntnisse. Nun sind
M ehr und mehr Schulkinder
M it geringen Deutsch-Kenntnissen in
E iner Schulklasse:
N ot... Not... Not

Not für jene Schulkinder, die der deutschen Sprache mächtig sind und Not auch für all die anderen Kinder, die es nicht sind...

Trotz viel, viel Sprachförderung im Kindergarten und in der Grundschule ändert sich nichts. Wie denn auch, wenn zu Hause nur türkisch gesprochen wird, rund um die Uhr türkisches Fernsehen läuft?

Und jetzt auch noch die Herdprämie?

Ankommen können hier alle, aber nur die sind angekommen, die Deutsch sprechen und Deutsch verstehen.

Larissa Deike-Wierus

# derneunundzwanzigstejulizweitausendzwölf

wir sitzen auf unserem balkon –
    liberty-feeling zwanzig kilometer
               vor der französischen grenze

wir lachen miteinander
    über lächerliche lustige dinge des alltags –
               lustvoll sommerleicht und leise
              dauert dieser tag ewig.

Fotografie: Roland Wucherer

Nadine Schiek

# Meine Sanduhr

Der Sand in meiner Sanduhr rieselt. Unaufhörlich. Möchte begierig zur anderen Seite. „Langsam", denke ich. Der Sand ist keiner von dieser gewöhnlichen Sorte, gleich dem dieser gewöhnlichen Sanduhren. Nein, er ist besonders, kostbar. Völlig ahnungslos rinnt er dahin. Ich schaue den Körnchen auf ihrer Reise zu. Jedes einzelne davon ist sichtbar gewordene Erinnerung an einen dieser unzähligen Momente meines Lebens: Meine Familie, meine wunderbare Kindheit mit allem Drum und Dran, die Schulzeit, meine Freunde, die Liebe, angefangen beim ersten Kuss und dem letzten Verliebt sein und dem Wirrwarr dazwischen. Und auch die Ausbildung, das Studium, die Dummheiten und Fehler und all die wunderbaren Ereignisse, Erfolge und unvergesslichen Tage. Kurzum, alles was mich als Mensch bisher ausgemacht und zu dem gemacht hat, was ich bin. Mein HIER steckt in dieser Sanduhr. Bis ich sie auf den Kopf stelle und meine Heimat hinter mir lasse. Und jetzt rieselt der Sand vom HIER in dieses leere DORT. „Bssss!" Jede Sekunde, Minute, Stunde – jeden Tag!

DORT bin ich fremd. Kenne kaum jemanden, verstehe den Dialekt kaum, finde den Weg nicht, begegne keinem bekannten Gesicht und weiß nicht, wo es den besten Milchkaffee gibt. Ich fühle mich einsam, obwohl mein Freund für mich da ist. Ich pendele häufig zu meinen Eltern, tanke den heimeligen Geruch, höre die vertrauten Stimmen und Klänge. Gut, dass alles beim Alten bleibt, auch wenn ich nicht HIER bin. Aber das Leben ist anstrengend: Ich bin HIER und DORT gleichermaßen. Ich fühle mich wie in zwei Hälften gespalten, die an mir zerren und von mir zehren. HIER und DORT. DORT und HIER. Zu Besuch, aber wo zu Hause?

Der Sand rieselt leise weiter. Ich habe gute Freunde gefunden im DORT. Die Arbeit macht Spaß und ab und zu zeige ich einem Fremden stolz den Weg. Ich heirate, werde Mama und bin glücklich über die Liebe, die ich im DORT erleben darf. Und dann passiert es eines Tages, bei einem meiner HIER-Besuche. Ich sage zu meinem Mann am Telefon: „Schatz, wir bleiben länger und kommen erst morgen heim". Ohne darüber nachzudenken. Aber ihm ist es gleich aufgefallen. „Du kommst heim?"

Es muss an dem vielen Sand gelegen haben, der vom HIER ins DORT gerieselt ist. Urplötzlich und ohne vorher Bescheid zu geben wurde das DORT zum HIER. Ich will dem Sand keinen Vorwurf machen. Er konnte nicht anders, als sich durch dieses enge Nadelöhr zu drängen. Es war seine Bestimmung. Es war meine Bestimmung.

Ich denke an den alten Spruch aus meinem Poesiealbum: „Vergesse nie die Heimat, wo deine Wiege stand." Niemals. Da bin ich mir sicher. Aber dass man keine Zweite in der Ferne findet, damit bin ich nicht einverstanden. Man muss nur bereit dafür sein, das DORT mit Inhalt zu füllen: Mit seinen Erlebnissen, Sinneseindrücken und Gefühlen.

Jede Sekunde, Minute, Stunde – jeden Tag!

Jevgenija Hetzel

# Öfter mal ein Rock

Nie wollte ich ins Ausland gehen. In meiner Heimat, in Weißrussland hatte ich alles (oder fast alles?): einen guten Job als Qualitätsingenieurin, eine eigene Wohnung und gute Freunde. Doch dann kam die Liebe ins Spiel. Ich habe meinen zukünftigen Mann kennengelernt und gewagt, ohne ein Wort Deutsch zu können, nach Deutschland umzuziehen. Konstanz hat mich mit Nebel empfangen. Es war wie im Märchen: Laternenlicht, reine Luft und der frische Duft des Bodensees. Ich war fasziniert.

Ich ging in eine private Schule, um Deutsch zu lernen. Es fiel mir sehr leicht, ich mochte die Sprache sofort, und die etwas härtere Aussprache der Konstanzer hat mir das Lernen erleichtert.

Lange Zeit kam ich jedoch erst mal mit der Vielfalt der Waren und Dienstleistungen nicht zurecht. Man geht z.B. Linsen kaufen und starrt ins Regal: rote Linsen, grüne Linsen, braune Linsen. Dazu kommen noch große und kleine. Und die gleiche Art Linsen kostet unterschiedlich viel, je nach Marke. Zuerst habe ich einfach irgendwelche genommen und lag dabei meist falsch. Zudem waren die Synonyme allgemein bekannter Wörter schwierig für mich. Da suche ich ein Rezept aus, voller Gewissheit, dass ich so weit bin, alles richtig einkaufen und zubereiten zu können. Doch das erste, was ich lese, ist: „Gelbe Rüben". Und ich dachte, dass ich sämtliche Gemüse-Wörter schon kenne! In diesen Fällen hilft das Internet, wenn man „Bilder von Karotten / Möhren" in die Suchmaske eingibt. Mit der Zeit habe ich gelernt, wie man seine Auswahl trifft.

Apropos Essen. Manchmal muss ich lächeln, wenn ich daran denke, wie durchgeplant viele Deutsche ihr Leben organisieren: Alles hat seine Zeit! Ich spreche mit jemandem und frage am Ende des Gesprächs: „Wollen wir etwas essen?" Das erste, was man macht, ist einen Blick auf die Uhr zu werfen. „Jetzt schon? Es ist doch gerade mal kurz vor fünf!". Ich habe das an circa zwanzig Bekannten und Freunden getestet. Und die erste Antwort war immer der Blick auf die Uhr! Sie fragen nicht ihren Magen, ob er Hunger hat, sie fragen die Uhr, ob sie essen dürfen.

Dennoch gefallen mir die Leute in Deutschland durch ihre Natürlichkeit. Sie sind höflich im Benehmen, tragen bequeme Kleider, sehen ruhig und entspannt aus. Frauen tragen allerdings zu selten Röcke. In meinem Land ist das anders. Deutsche Frauen bestehen zudem auf Gleichheit mit den Männern. Das finde ich ein bisschen schade. Ich finde es schön, wenn ein Mann mir die Tür öffnet, mir schwere Taschen abnimmt, in der Straßenbahn aufsteht und einen Platz anbietet, – so wie ich es aus meiner Heimat kenne. Das muss nicht gleich bedeuten, dass Frauen die zweite Rolle spielen müssen. Es ist einfach nett und höflich. Weißrussische Frauen hindert es beispielsweise nicht daran, in Führungspositionen zu kommen.

Ich lebe mittlerweile seit neun Jahren in Deutschland und fühle mich richtig angekommen. Seit sieben Jahren leben und arbeiten mein Mann und ich in Karlsruhe. Wir haben zwei kleine Töchter.

Und jetzt lerne ich durch meine Kinder das Leben hier noch einmal neu, sozusagen von Anfang an.

Nikolaj Kohler

# leben

Ich reiste in die USA und verwirklichte den amerikanischen Traum. Zumindest die erste Hälfte davon. Ich wurde Tellerwäscher.
Später studierte ich Jura, um mir nicht mehr ans Bein pinkeln zu lassen. Ich brach ab, als mir der Urin der Dozenten von den Hosenbeinen tropfte.

Ich versuchte es mit Erleuchtung in Indien und lebte in einem Ashram. Ich verehrte Kühe und schiss in den Straßengraben.

Nicht alles muss erleuchtet werden.

Das Geschrei bohrt sich in meinen Kopf. Es krallt sich meine Gedanken und wirft sie vor der Wohnungstür ab. Ich fische nach dem Schlüsselbund. Dabei flüchtet mein Wechselgeld aus der Hosentasche die Treppe hinunter. Ich verliere beide Einkaufstüten und meine Geduld. Als die Tür endlich aufgibt, schlagen mir der Brandgeruch des Bratens und die Klänge des Krieges entgegen. Telefon, Kinderschreie und Schleudergang penetrieren mein Gehirn wie die Kugeln einer Kalaschnikow. In unserem Flur, auf einem Pazifik aus Playmobil zerrt Lisa, vier, an Lenas und Lena, fünf, an Lisas Haaren. Kinderfäuste trommeln aufeinander ein. Beide schreien, dass sich mir die Zehennägel kräuseln.

Ich stehe im Türrahmen und schweige. Telefon, Waschmaschine und meine Töchter verstummen. Die Mädchen blicken mich an, als wäre ich Kofi Annan. Die Stille läutet in meinen Ohren.

Noch von der Vergangenheit sentimental und vom winterlichen Einkauf schockgefrostet, sehe ich in ihre verheulten Augen. Ein warmes Lächeln stiehlt sich in meine Seele und tropft auf mein Gesicht.

Ich trete ein.

Daniela Kress

# Vom Suchen und Finden

Vorher, das waren zwei schöne Single-Wohnungen. Vorher, das war Baden-Baden, mondän, Flanieren durch die Allee, Sonnenuntergänge über dem Fremersberg, langes Ausschlafen und ausgiebiges Frühstücken. Vorher, das war Heidelberg, Studentenleben, Altstadtgassen, Schiffe auf dem Neckar, Küsse auf dem Schloss, Theaterbesuche, spätes Ausgehen. Jetzt plötzlich, Karlsruhe, mittendrin. Eine Wohnung für Drei. Jetzt, anstehen an der einzigen Babyschaukel auf dem Spielplatz im Beiertheimer Wäldchen. Jetzt, Kinderwagen durch die übervolle Einkaufspassage schieben. Nachts die Tiere im Zoo hören. Mit einem weinenden Kind einschlafen, mit einem lachenden Kind aufwachen. Mit dem Mann, den ich immer wollte, dem Sohn, den ich mir immer wünschte, ausgerechnet in der Stadt, nach der ich seit meiner Jugend keine Sehnsucht mehr hatte. Aus reinem Pragmatismus. Und jetzt? Wo sind sie, die malerischen Gassen? Das Kopfsteinpflaster? Die eleganten Menschen? Was ist eine Großstadt ohne Großstadtfeeling? Alles muss man neu finden – und sich dabei selbst gleich mit. Und dann: die reizende Verkäuferin in der Drogerie. Die inspirierende Ausstellung im ZKM. Der beglückende Abend im Staatstheater. Der geniale Koch im thailändischen Schnellimbiss. Eines ist klar: Karlsruhe öffnet einem nicht einladend die Vordertür. Man muss durch die Hintertür hindurch. Dann erstmal suchen. Das Schöne finden wollen. Sich auf die malerischen Flecken einlassen. Hinter manch grober Fassade ein schönes Haus – oder einen netten Menschen entdecken.

In Karlsruhe angekommen – oder doch nur Zwischenstation? Wer weiß das schon ...

Katja Heimberg

# Aus – gezogen

Ihre Gefühle sind obdachlos und ihre Gedanken studieren die Zukunft. Endlich Neues zulassen und Altes vergessen. Den Weg der Mitte finden, Verweilen ... Gepackte Koffer, viele Kartons der Vergangenheit, sie erzählen Geschichten und wurden einfach zugeklebt. So viele Hochhäuser, weit in den Himmel ragen sie, kratzen an den Wolken entlang. Höhenangst im freien Fall, schlägt hart auf ...! Die Treppe, die Stufen beschreiten, bereiten Besuch. Klingel, Gebimmel wirbelt Staub auf, weckt Leute. Generationen, treffen Gespräche und Zwist zwischen, neben Nachbarn. Ruhe stört, Leben mal ein Pausenton? Ein Du, eine schöne Begegnung, sprengt Bände und schenkt neue Wände. Zuhause angekommen, Ruhe trifft auf Entspannung und die Liebe zieht endlich in den Wolkenkratzer ein. So hoch hinauf. Alles verbindet sich, Hilfe schaut stets vorbei oder geht mit Egoismus wieder heim. Fassade, die kahle, Mietmaden suchen sie zuhauf. Parteien über Parteien, die je eine Geschichte zieren.

Ein – gezogen

Fotografie: Britta Knuth

Britta Knuth

# Ein Flügelschlag

Fliegen
        filigran und graziös
                nahezu zärtlich beim Anblick
                        funkelnd im Lichte

Du mit mir

Siegen
        einfach zugleich pompös
                allzeit gegenwärtig
                        dieser Augenblick
                              tritt ein in Geschichte

Du hast gewonnen                 mich einfach mitgenommen

mit dem Satz:     komm mit mir    sei meine Fliege
hat's begonnen

ich sehe ein Wir                 es siegte die Liebe
bin mitgekommen

habe die Schwelle überwunden
fühle mich mit dir verbunden

        andere Sprache    andere Kultur
            Wagnis der Reisetour

                so wird deine schwäbische Heimat zu meiner
                die Angst vor dem Schritt wurde immer kleiner

                        ein einziger Flügelschlag
                        beginnend den neuen Tag
                        in meiner neuen Heimat
                        mit Vorfreude auf Heirat

                        AnGeKoMmEn
                        einfach mitgenommen

Ilka Frank

# Ella ... gebunden

Wie grausam von ihm! Dieser Schuft! Wer soll mich denn jemals hier finden und losbinden? So oft habe ich versucht, mich zu befreien, vergeblich. Jetzt fehlt mir die Kraft, mich noch ein weiteres Mal gegen die Fesseln aufzubäumen. Zweimal schon ist die Sonne untergegangen, mutterseelenallein in diesem entlegenen Wald, und die Nächte sind so kalt wie seine Kellerfliesen im Winter.

Mein ausgemergelter Körper zittert, vor Kälte, vor Hunger, vor Erschöpfung. Rau ist meine Kehle vor Durst und verzweifelten Hilfeschreien, die inzwischen zu tonlosem Jammern verebbt sind. Ich zerre an dem Seil, das mich an diesen Baum fesselt, um mich vorbeugen zu können und mit der Zunge vielleicht ein paar Tropfen Tau von den Blättern zu erhaschen. Was gäbe ich nur für eine Handvoll Wasser!

Zudem knurrt mein Magen wie das Gewitter, das heran rollt. Stirbt man wohl eher an Durst oder an Hunger? Wie lange wird es dauern? Tut es weh? Mehr als mein verwundetes Herz, das aufschreien möchte, weil gerade derjenige, den ich am meisten liebe, mich ohne jedes Erbarmen verstößt und daran hindert, zu ihm zurückzukehren?

Eine eisige Welle durchfröstelt mich, von meinen Gedärmen bis in die Haarspitzen hinein. Mir ist so kalt, Hunger, Durst, allein. Ich heule. Alles um mich herum dreht sich. Der letzte Rest meiner Kraft schwindet. Ich bin müde, meine Augen fallen zu, so müde ...

Da spüre ich eine sanfte Berührung, verliere den Boden unter den Füßen. Ich möchte die Augen öffnen, doch meine Lider reagieren nicht. Egal, geschehe, was geschehen mag. Alles fühlt sich so leicht an, ich schwebe ...

Bin ich gerade gestorben und es gibt mich trotzdem weiter? Katzen, so sagt man, sollen sieben Leben haben. Vielleicht werde auch ich gerade ein weiteres Mal geboren?

Damals war es so schön, mich bei meiner Mutter einzukuscheln, ihren beruhigenden Atem zu spüren, das gleichmäßige Heben und Senken ihrer Brust. Genauso fühlt es sich jetzt an.

Gleichzeitig umfließen mich fremde und vertraute Gerüche, als wäre ich in einem fernen und doch heimatlichen Land. Es wird warm, wärmer. Mein Körper hört auf zu zittern und entspannt sich.

Ein kleiner Traum von einem Festmahl läuft wie ein Film vor mir ab. Ich rieche alles so intensiv, dass mir das Wasser im Mund zusammenläuft, und blinzle. Ja, ich kann meine Lider endlich wieder heben, mühsam, erschöpft, und schaue in braune Augen, deren Blicke mich einhüllen wie eine Kuscheldecke. Da liege ich auf dem Schoß einer Frau mit langen, dunklen Locken, die meinen Kopf streichelt. „Du arme Kleine. Was ist das nur für ein Mensch, der dich einfach ausgesetzt hat?" Ihre Stimme fühlt sich so weich an, wie einst das Fell meiner Mutter.

Sie hält mir ein Stückchen Wurst vor die Nase. Und, wenn auch langsam und matt, ... jetzt wedle ich wieder.

Fotografie: Klaus Biber

Gabriele Horcher

# Wurzeln

Schonungslos trommelt der bunte Herbstregen auf ihren Schirm. Die kleine Stadt zeigt ihr düsteres Gesicht zum Empfang. Nur wenige Menschen hasten durch die Straßen und verschwinden so schnell wie Wassertropfen auf einer heißen Herdplatte. Sie steht immer noch da, fest und bewusst. Und dann setzt sie sich mit ihren feinen Kleidern auf eine tropfnasse Bank und lächelt. Der Regen frisst sich von ihren Socken bis zu ihrem Unterhemd hinauf wie ein ungebetener Gast. Doch sie öffnet auch diesem unliebsamen Besucher die Tür, denn sie ist angekommen. Nach einer langen Odyssee ist sie wieder zu Hause.

An vielen einsamen Ufern ist sie gestrandet, wie wertloses Treibgut am Strand und wurde mit der nächsten Welle wieder mitgerissen in eine Sintflut der Irrwege. Gerade mal mit zwanzig, vor vierzig Jahren, hat sie Karlsruhe, ihre Familie, ihre Freunde, den Schwarzwald verlassen. Alles war ihr zu eng, zu bieder, wie in einem zu engen Korsett hat sie sich gefühlt, und sie hat es aufgeschnitten. Nicht langsam und überlegt sondern mit einer spitzen Schere, die auch bei ihr Narben hinterlassen hat. Sie wollte ihr eigenes Lebensmuster entwerfen, nicht die geblümte Tapete ihrer Eltern überstreichen. Die Stadt schien ihr schwer zu atmen, wie ein alter Greis mit Asthma, der sich nur noch keuchend vorwärts bewegt. Sie wollte hüpfen und tanzen und das volle Leben inhalieren und so hat sie sich in einer stillen Stunde davon gestohlen, mit schweren Schritten, aber ohne einen Blick zurück. Sie ist der irrigen Verlockung der Liebe gefolgt, die sich bald aufgelöst hat wie eine schillernde Seifenblase im Wind. Drei gescheiterte Ehen hat sie hinter sich, immer hat sie um das Verlorene getrauert, wie ein kleines Kind um seinen Lieblings-Teddy. Ihre rote Haarpracht klebt mittlerweile schwer an ihrem Kopf, aber sie schüttelt sich nur gelassen und schimmernde Regentropfen flattern davon wie die Blumensamen auf einer Frühlingswiese.

Versonnen betrachtet sie die Pyramide auf dem Marktplatz und ist plötzlich wieder das junge, unbekümmerte Mädchen mit dem langen Haar, das ungeduldig auf den Zug wartet. Ihre Reise hat lange gedauert. Sie hat Karriere gemacht, wichtige, berühmte Hände geschüttelt und viel Geld verdient. Immer wieder ist sie auf den nächsten Zug aufgesprungen, schnell und mit hohem Risiko wie ein Formeleins-Fahrer auf gerader Strecke. Manchmal wurde sie aus der Bahn geschleudert, aber äußere Verletzungen verheilen schnell. Es tröpfelt nur noch und energisch klappt sie ihren Regenschirm zu und streicht das Haar zurück. Sie darf einfach auf dieser Bank sitzen und sie selber sein, nach so vielen Jahren. Niemand nimmt von ihr Notiz, darüber freut sie sich. Niemand holt sie ab, und bei diesem Gedanken beginnen ihre Augen zu flimmern. Sie wird sich selbst wieder einpflanzen, behutsam und langsam und mit viel Geduld. Die Wurzeln des Herzens sind noch hier und suchen ungeduldig nach Halt. Den Professorentitel hat sie in den großen Städten gelassen. Sie erhebt sich ruhig und schlendert zum Schloss. Der Regen hat aufgehört, die Sonne lacht ihr ins Gesicht und aufgeregt wie ein altes Zirkuspferd, das nochmals in die Manage darf, trippelt ihr Herz.

Im Park sieht sie eine verkrüppelte, traurige Fichte, die ihr dürres Grün auf dem Haupt trägt wie ein Clown seine Haarbüschel. Wie Kinder, die Ringelreihen tanzen, schmiegen sich schützend kleine, gesunde Tannen um die Fichte und da weiß sie, sie ist auf dem richtigen Weg. Wie selbstverständlich klappt sie ihren Fächer auseinander; sie ist zu Hause angekommen.

Bibliografische Information der Deutschen Nationalbibliothek
Die Deutsche Nationalbibliothek verzeichnet diese Publikation
in der Deutschen Nationalbibliografie; detaillierte bibliografische
Daten sind im Internet über http://dnb.dnb.de abrufbar.

© 2013 · Alle Rechte vorbehalten.
Nachdruck, auch auszugsweise, ohne Genehmigung
des Verlages nicht gestattet.

Lindemanns Bibliothek
Literatur und Kunst im Info Verlag, Band 180
Info Verlag GmbH · Käppelestraße 10
76131 Karlsruhe · Germany
www.infoverlag.de

ISBN 978-3-88190-714-9